我不能教會別人任何事，
我只能讓他們去思考。
——蘇格拉底

思考才能使我們閱讀的東西，
成為我們自己的。

——約翰·洛克

「人是一根會思考的蘆葦！」
——巴斯卡

閱讀思考力

朱曉維 著

前言

法國思想家巴斯卡（一六二三～一六六二）有句名言——

「人是一根會思考的蘆葦！」

這句話的意思是說，在大自然界中，人就像一根蘆葦，是相當渺小與脆弱的；雖然人像蘆葦般的細微，但他卻是一根會思考的蘆葦，所以人類可以承受各種壓力、克服各種困難，他有顆高貴的靈魂，會洞察自己與他人，與社會、與天地之間的關係。就因人會思考，所以產生了「了不起的智慧」而創造出人類在歷史的長河中，生生不息、永無止盡……

素有「歐洲戰神」之稱的法國皇帝拿破崙，在滑鐵盧戰役失敗後，被流放到非洲與南美洲之間的大西洋上的聖赫勒拿小島上，表面上是由英國人看管，但大體還算相當自由，在島上生活時他還努力學習英語，準備東山再起，同時也有很多時間可以思考，他曾對近側說：「我的失敗完全是自己造成的，不能怪罪任何人，我最大的敵人就是自己，這也是造成我有今天這種下場的主要原因。」

最後他還十分樂觀，用一句話勉勵自己：「人生之光榮，並不是永不失敗，而是屢仆屢起！」——畢竟是人間豪傑，這話飽含著真英雄的萬千豪氣，鏗鏘有力！

鏡頭轉回來，在亞洲這塊黃土地上，也有一個不錯、懂得反思的名君，那就是唐朝的李世民，殺了老哥、逼退老爸，當了一把手之後，把國家治理得有聲有色，國庫豐足、政治清明、人民安居樂業，第一流的政績「貞觀之治」享譽國際。一時之間，長安成為各國文化交流的中心，他也成為東西文化的開拓者，可他仍十分懂得「自省」，他說：「以銅為鏡，可正衣冠；以古為鏡，可知興廢；以人為鏡，可明得失。」——由此可見，一個隨時隨地懂得思考的人，他的成績都是有目共睹的！

記住該記住的，忘記該忘記的；
改變能改變的，接受不能改變的。

西方有句諺語：同是一件事，你若想開了是天堂，想不開就是地獄。很多人苦惱、鬱悶，讓自己陷入痛苦之中，根本的原因是自己與自己過不去。比如，有的人因為失去一些曾經擁有的東西而無比心痛，有的人因為過去的某個過錯而一直深深內疚，並且無法輕易原諒自己。

但是，空間不能逆轉，時間無法倒流，你再怎樣為了過去後悔和煩惱，都無法改變曾經發生的事，只會浪費你的精力和時間。無須為打翻的牛奶而哭泣，因為即使你再悲傷，也無法將灑在地上的牛奶收回。當你為失去太陽而難過不已時，為什麼不去擁有夜空中的點點繁星……

有人說：「比閱讀更重要的是思考！」

換言之，我們是因為閱讀才會產生更開闊的視野，才會吸收更多元的素材，有了這些閱讀經驗，它提供給我們各種不同角度的思考。因此，閱讀可說是創造智慧思考力的推進器。那麼，一起來推動你我的世界吧！

目錄

第一章 看看鏡中的自己，你就知道你是否做對了？

第二章 因為人都有不足，所以才能感受到人生的美好

第三章 了解自己之後，才能當自己的主人

第四章 既然只有一次的人生，那就從今天做起吧！

第一章

看看鏡中的自己，你就知道你是否做對了？

01

smile

不要抱怨命運，因為抱怨也沒用！

大多數人的抱怨，
都沒有實質的意義，
因為很多抱怨是無法改變的，
或是根本不需要改變的，
抱怨只會讓自己面目可憎！

一個自以為很有才華的人，一直得不到重用。為此，他愁腸百結，異常苦悶。有一天，他去質問上帝：「命運為什麼對我如此不公？」

上帝聽了，撿起一顆不起眼的小石子，把它扔到亂石堆中。祂說：「你去找回我剛才扔掉的那顆石子。」

結果，這個人翻遍了亂石堆，卻無功而返。

這時候，上帝取下自己手上的戒指，以同樣的方式扔到亂石堆中。這一次，這個人很快便找到了那枚戒指——金光閃閃的金戒指。

上帝接過戒指，沒有再說什麼。這個人卻一下子領悟了：我還只是一顆石子，不是一塊金光閃閃的金子，怎能抱怨命運對我不公平！

上帝給誰的幸運都不會太多。面對不佳的際遇，一時的坎坷，大多數人都會抱怨上帝不公、命運捉弄，卻很少有人正視自己，冷靜地審視自我，自問是否已經將自己磨煉成一塊金子，一塊足以讓人刮目相看的金子。

的確，塵世瑣屑，紅塵紛擾，總難免遭遇淒厲的狂風、淋漓的冷雨。但是，這並不是苦難，而是恩賜，正是上天對我們生命的打磨與錘煉。因為，生命的初始就像一塊璞玉，質樸而粗糙，沒有光澤，需要我們細細地打磨，耐心地錘煉。這樣才能去蕪存菁，精益求精，顯示出生命的厚重與光華。

每件事都有它的優點和缺點。當你遇到不好的部分，先學會思考，如何在這裡面學習和成長，這才是重要的——「牢騷太盛防斷腸。」

生命是美麗的，而且異常精彩。面對不幸，面對潦倒，我們所要做的不是怨天尤人，自暴自棄，而應該是不斷地捕捉生存的智慧，承受苦難，面對打擊，最終將自己打磨成一塊閃閃發光的金子。

有一天，神父去拜訪一位久未到教會做禮拜的教友。

教友說：「教會的是非問題太多了！一大堆人扯在一起，就喜歡說人的是非。我太累了，實在不喜歡這樣的教會！如果教會不是這樣，是個單純的地方，我就會去。」

神父沒有辦法，因為他自己也覺得教會的是非很多。而且，這樣的問題已持續了很久。他沮喪地回去請教有經驗的老神父。

於是，老神父也去找那個教友。

教友又把他的話重覆一遍：「如果教會是個單純的地方，我就會去。」

老神父聽完一笑，問道：「你曾看過這樣的教會嗎？」

教友想了想，搖搖頭：「沒看過。」

老神父說：「如果有，我勸你也不要去。」

教友惑然問道：「為什麼？」

老神父回答：「你去了，也只會污染教會罷了。」

你是不是一個十全十美的人？對於生活中許多不順遂的事，我們第一個反應往往不是自省，而是抱怨。

抱怨並不是不好，但它容易令我們陷入消極思考，那是負面的。

每件事一定都有它的優點。遇到不好的部分，先學會思考：在這樣的事件中，我能學到什麼？既然這樣的事你碰見了，一定是大自然特別給你學習的試題。如何在這裡面學習成長才是最重要的。試著去看事物可令自我學習成長的部分，而不要只專注於導致自我朝向負成長的部分。

如果你對自己的能力做了過高的評價，覺得自己懷才不遇，並將原因歸咎於運氣不好，那麼你大概就是那種會抱怨上天不公平的宿命論者。這類人在各行各業中到處都可見。

最常見的抱怨就是：「公司根本不了解我的實力！」「上司沒有眼光，

我再努力，也得不到他的賞識！」「大家都無法欣賞我的優點！」……等等。而且，他們最容易怪自己運氣不好。然而這真是別人的錯嗎？這種人就像自己沒有實力，卻老怪別人缺乏眼光。

一個人若凡事都怪運氣不好，他就很難跳出那個框框。總之，最重要的是：不要隨隨便便就把一切責任往命運推。

宿命論者大多非常灰暗、悲觀。他們越是這樣，幸運女神就越不去眷顧他們，他們就更相信自己運氣不好，造成惡性循環。這種人事情做得好不好基本上不成問題，成問題的是他們老是把一切推給命運的作弄。

能夠以開朗的心態去過日子的人，大多不會是宿命論者。如果你相信命運，也請你往好的方面想。如此一來，才有可能不斷地給你帶來好運，使你自己一天比一天更美好。

02

smile

付出是一種無比的享受

「付出」本身就是快樂的事；
能付出的人，就是最幸福的人。
成人之美，善待他人，
你會發現自己默默地付出，
竟會成為一輩子最快樂的回憶。

有一批被海關沒收的自行車正在拍賣。每次叫價的時候，一個十歲出頭的男孩總會搶著喊價，而且每回都喊「五塊錢」，然後眼睜睜地看著自行車被別人用30或40美元買走。拍賣會中場休息時，拍賣師問他為什麼不出較高的價。男孩說，因為他身上只有五塊錢。

拍賣會繼續進行，這男孩還是給每輛自行車出相同的價錢，然後又被別人用較高的價錢買去。後來，聚集的觀眾開始注意到這個總是首先出價的男孩，也察覺到他次次鎩羽的結果。

眼看拍賣會就要結束了，會場上只剩下一輛最棒的自行車，車身光亮，有多種排檔、十段變速器、雙把手煞車、顯示器和一套夜間電動燈光裝置。

拍賣師問：「誰出價？」

這時，站在最前面，幾乎已經絕望的小男孩輕聲說：「五塊錢——」

拍賣員停止唱價，停下來站在那裡。

所有在場的人都看著這個小男孩，沒有人出聲，也沒有人舉牌。

「五塊錢一次……五塊錢兩次……五塊錢三次！成交！」拍賣員大聲喊著，果斷地敲下最後一錘。

「這輛自行車賣給這位穿短褲、白球鞋的小男孩！」

此話一出，全場爆發起一陣熱烈的掌聲。

小男孩拿出握在手中的五塊錢，買下了那輛整場最漂亮的自行車，臉上洋溢著燦爛無邊的笑容。

對於在場的每個人來說，這都是一場心靈的付出——男孩付出的是追求所嚮往之物的勇氣，眾人付出的則是善良體貼的心地。這是一場必定會令場上參與者都回味無窮的拍賣會。

很多人越來越不懂付出的快樂，以至於反而越來越不快樂。

當付出成為交換的條件，快樂當然也就消失無蹤了。

傳說，佛陀有一次佇立在蓮花池畔，透過覆蓋於水面上的蓮葉隙間，看向地獄的底層。祂看見一個生前作惡多端，名叫犍陀多的男子悲慘地在地獄受苦的樣子。

慈悲的佛陀大為不忍，想著如何救這名男子。

犍陀多一生做了許多惡事。可是，他也做了一件善事。

有一次，他經過森林，看見一隻小蜘蛛在路旁爬行。他原本要一腳踩下，卻在那一剎那間突然動了善念：「蜘蛛雖小，卻也如我一樣具有生命，我不該濫殺！」

佛陀在蓮葉上找到一隻蜘蛛，將蜘蛛所吐的絲線垂放到地獄的底層，要用這絲線救起犍陀多。

犍陀多一見絲線，立即高興地往上爬。但在地獄中受苦的人太多了，一看見那蜘蛛絲，便一窩蜂地也跟著往上爬。

犍陀多一見這情形，慌了：「不要爬上來！這是我的蜘蛛絲，不准你們爬上來！滾，給我滾！」

但是，在地獄中受苦的人，好不容易可以獲救，哪聽得下去？相反地，爬的人越來越多。

「你們再上來，蜘蛛絲會斷啊！」犍陀多嘀咕著。終於，他想出一條妙計——他將蜘蛛絲的下半部擰斷。這樣，就不會有人上來跟他搶了。

孰料，犍陀多正在得意，他爬的蜘蛛絲也隨即綳斷。於是，他又落到地獄的底層，和那些因他擰斷絲線而落下的人一起在地獄受苦。

慈悲的佛陀見到這種情形，輕輕地歎息一聲，卻也無奈何。

犍陀多不懂得為別人付出。他不懂越是付出，得到越多的道理。他一心只想到自己，最後連生前的一點小善業也糟蹋了，只好繼續在地獄裡沈淪。

父母愛孩子，原本應該毫無條件，卻有人養兒是為了防老。這樣的心態，只會剝蝕親情。育兒的本身就是快樂，在其中，可再一次擁抱童年、童心、天真，以及許多長大之後就忘記的單純。當孩子漸漸成長，他會有不同的世界，不一定能如父母所願，常伴身旁。

這時，就放手吧！別忘了，在教養孩子之際，自己也得到了許多快樂。別哀歎太多——付出的本身就是最大的快樂。

03

讓心中容下一片能讓快樂駐足的地方

其實，快樂並不需要去尋找，
因為快樂就在你身上。
看不到快樂的人，
往往是給所謂「忙碌」蒙蔽了，
不妨給自己留一片小小的餘地，
讓快樂擁有它自己的小地方。

人的一生，在不同的階段，需要的東西自然會起變化。

每一個人初到這個世界，都是光著身子，兩手空空，沒有帶來任何東西，等到年紀漸長，生活開始變得複雜，除了一大堆責任與義務必須承擔，身邊擁有的東西也開始多了起來。

此後，我們便不斷買東西、要東西、找東西，擁有的家當愈來愈多，肩上扛的責任也愈來愈重。而那些從各處弄來的東西都需要空間存放，所以，擺東西的空間愈來愈膨脹。當我們發現有了更多的空間，立刻毫不遲疑地又塞進新的物品。當然，累積的責任、承諾以及所有要做的事也不斷增加。

這些不斷膨脹的物品、工作、責任、人際關係、財務，幾乎佔據了你全部的空間和時間。許多人每天忙著應付這些事，常常喘不過氣，幾乎耗掉半條命，當然也沒有足夠的閒暇時間。

心理學大師榮格說：一個人步入中年，就等於走到「人生的下午」。這是既可回顧過去，又可展望未來的階段。他指出，在下午時，就應該回頭檢查早上出發所帶的東西，究竟還合不合用？是不是該丟棄了？

「我們不能照著上午的計畫過下午的人生。早晨美好的事物，到了傍晚，可能已顯得微不足道；早晨的真理，到了傍晚，可能已變成謊言。」

也許你會說，昨天不是個好日子，因為你和上司之間有點誤會。然而，昨天是不是也有愉快的時刻？安詳寧靜的時刻？現在回想起來，你不是收到一位老友的信，有個陌生人不是問過你的頭髮在哪兒理得這麼漂亮嗎？你只記得過了不好的一天。可是，那些快樂的事的確發生了。

幸福和快樂有如一位訪客，會在你料想不到的時刻降臨，給你一個擁抱之後翩然而去，留下一絲梔子花香。

你帶著一腦子問題回到家時，不妨注意斜陽夕照，城市裡扇扇窗子紅得像火燒；聽聽孩子在暮色中打籃球的嬉鬧聲，你就會覺得自己精神一振——這都只因你注意到了平常總是疏忽的小事。

幸福、快樂是一種態度——清洗百葉窗時聆聽一曲詠歎調，或愉快地花一小時清理壁櫥。它出現在某一刻，不是在「有一天……」這遙遠的承諾之中。如果我們能愛上現在所過的日子，就感到無限滿足。

幸福、快樂是一種選擇。它一出現，你就要伸手抓取。它就像在蔚藍的天空中飄向海洋的彩色氣球……

04

我要笑遍世界

美國馬里蘭大學教授邁克指出笑有六大好處：

一、笑是特效止痛藥。

二、笑燃燒卡路里，幫助減肥。

三、笑可增強免疫力。

四、笑可使心臟更有力。

五、笑可助人升職。

六、笑可趕走壓力。

許多人從來沒有想過要盡情大笑。就是淺笑，也很難看到。他們的孩子稍一發出喧鬧的聲音，就會立即受到喝止。孩子們純真率直的心靈在這樣的氛圍裡長期受到壓抑，這是一件多麼可悲的事呀！試想：如果世上沒有了笑聲，那還有什麼快樂可言！

有一本書，其中一段寫得很好，現摘錄下來，與大家一起感受——

我要笑遍世界。

只有人類才會笑。樹木受傷時會流「血」，禽獸會因痛苦和饑餓而哭嚎哀鳴。然而，只有我才具備笑的天賦，可以隨時開懷大笑。從今往後，我要培養笑的習慣。

笑，有助於消化，笑，能減輕壓力，笑，是長壽的祕方。現在，我終於掌握了它。

我要笑遍世界。

我笑自己，因為自視甚高的人往往顯得滑稽。千萬不能跌進這個精神陷阱。雖說我是造物主最偉大的奇蹟，我不也是滄海一粟嗎？我真的知道自己從哪裡來，到哪裡去嗎？我現在所關心的事，10年後看來，不會顯得愚蠢嗎？為什麼我要讓現在所發生的微不足道的瑣事煩擾我？在這漫漫的歷史長河中，能留下多少日落的記憶？

我要笑遍世界。

當我受到別人的冒犯時，當我遇到不如意的事情時，我只會流淚、詛咒，卻怎麼笑得出來？有一句至理名言，我要反覆練習，直到它們深入我的骨髓，讓我永遠保持良好的心境。這句話，傳自遠古時代，它們將陪我渡過難關，使我的生活保持平衡。

這句至理名言就是——這一切都會過去。

我要笑遍世界。

世上種種，到頭來都會成為過去。心力衰竭時，我安慰自己，這一切都會過去；當我因成功而洋洋得意時，我提醒自己，這一切都會過去；窮困潦倒時，我告訴自己，這一切都會過去；腰纏萬貫時，我也告訴自己，這一切都會過去。是的，昔日修築金字塔的人早已作古，埋在冰冷的石頭下面，而金字塔有朝一日，也會埋到沙土下面。如果世上種種終必成空，我又為何對今天的得失斤斤計較？

我要笑遍世界。

我要用笑聲點綴今天，我要用歌聲照亮黑夜；我不再苦苦尋覓快樂，我要在繁忙的工作中忘記悲傷；我要享受今天的快樂，它不像糧食可以貯藏，更不似美酒越陳越香。我不是為將來而活，今天播種，今天收獲。

我要笑遍世界。

笑聲中，一切都顯露本身。

我笑自己的失敗，它們將化為夢的雲彩；我笑自己的成功，它們回復本來面目；我笑邪惡，它們遠我而去；我笑善良，它們發揚光大。我要用我的笑容感染別人。雖然我的目的很自私，但這確是成功之道，因為皺起的眉頭會讓顧客棄我而去。

我要笑遍世界。

從今往後，我只為幸福而落淚。因為悲傷、悔恨、挫折的淚水毫無價值，只有微笑可以換來財富，善言可以建起一座城堡。

我不再允許自己因為變得重要、聰明、體面、強大而忘記如何嘲笑自己和周圍的一切。在這一點上，我要永遠像小孩子一樣。因為只有做小孩子，我才能尊敬別人；尊敬別人，我才不會自以為是。

我要笑遍世界。

只要我能笑，就永遠不會貧窮。這也是天賦，我不再浪費它。只有在笑聲和快樂中，我才能真正體會到成功的滋味；只有在笑聲和歡樂中，我才能享受到勞動的果實。如果不是這樣，我會失敗，因為快樂是提味的美酒佳釀。想享受成功，必須先有快樂，而笑聲便是那伴娘。

05

smile

放棄無謂的批評

放棄批評，
不要過分期待別人聆聽你的批評，
以免得到相反的效果。
千萬不要做無用的批評。
否則，你或你身邊的人都會不快樂。

如果你一次批評很多事，可能讓被批評的人大受挫折，從而把你的主要目的搞混。當你下定決心要向老闆要求升遷，希望達到目的時，必須抓住要點，不要拖泥帶水地做過多的要求。

英國首相狄斯雷里在公眾生活中最激烈的對手是他的政敵格萊斯頓，這兩人幾乎在每個辯論的問題中都要發生衝突。但他們有一點很一致——私人生活的無上快樂。

格萊斯頓夫婦共同生活了59年，在差不多一甲子的歲月中，他們互敬互愛。每到傍晚時分，格萊斯頓總會握著妻子的手，繞著壁爐前的地毯起舞，口中唱著一首古怪的歌——

一個襤褸的丈夫與一個粗魯的妻子，

在生活的一起一伏中，我們瞎動並摩擦著。

格萊斯頓在公眾場所是一個人人視為可畏的對手，在家中卻從未批評過任何人。早晨下樓吃早餐，若看見家中其他人都還在睡，他會用一種溫柔的方法表達他的責備。他提高嗓子，使屋中充滿高昂的聲音，提醒家人，英國最忙的人獨自在樓下等候他的早餐。他以外交手段和體恤之心，竭力避免家庭中的不和。

所以，如果你要保持你的家庭生活快樂，記住這項原則——不要批評。

如果你想批評孩子，那麼，不妨在批評他們之前，讀一讀美國《大眾家庭》雜誌中的一篇名文：「父親忘了」。

雜誌發人如此說：「這篇文章在數百種雜誌及全國各地的報紙中刊登，並譯成多種外國文字。我曾許可數千人在學校、教會及講臺上宣讀；無線廣播也播放了不知多少次。而且，大學的雜誌予以轉載，中學的雜誌也隨之刊登。有時一篇短文當真具有動人的力量，這篇文章就是這樣。」

我們把它轉引在這裡，讓大家也有機會瞧瞧！

靜聽，我兒！我在你睡熟時這樣說：一隻小手掌在你臉下壓皺，金色鬈髮貼在你潮濕的額上。我獨自走進你的房內。只幾分鐘前，我坐在圖書室閱報，一種窒息的懊悔情緒掃蕩我全身，我愧疚地來到你的床前。

孩兒，這些是我所想的事：我曾對你粗暴。你整裝入學的時候，我責罵你，因為你只用毛巾將臉一抹。我因為你沒有擦鞋，而讓你勞動。當你將東西擲在地板上時，我忿怒地大聲呵斥。

早餐時，我也找碴。你溢出了東西，你吞下你的食物，你將手肘放在桌上，你在麵包上抹黃油太厚。當你開始去遊戲，我去趕火車時，你轉過來揮手嚷著：「爸爸，再見！」我又皺起眉頭回答：「將胸膛挺起來！」

其後，在下午將晚時分，這一切又重新開始。我從街上走回來，發現你跪在地上玩石子，你的襪子上有洞。我命令你在我前面走回家，我使你的在你朋友面前受恥辱。襪子是要錢買的——如果你要穿，你就得更小心！試想，孩兒，那種話竟由一個做父親的口中說出來！

你記得嗎？後來，當我在書房閱讀時，你有點畏縮地進來，眼中含著一種傷感的神色。當我讀完報紙，抬起頭一看，對於你的出現很不耐煩。你在門外猶豫。「你要做什麼？」我大聲地說。

你沒有說什麼，但衝動地一躍，跑過來將兩臂抱住我的頸，親了一下。你的兩隻小臂膀緊得有一種熱情，上帝曾栽在你心中的花，即使置之不理，也不會枯萎。然後你馬上離開，踏著樓梯上樓了。

啊，孩子，那之後不久，報紙由我手中溜下，一種可怕的痛苦與恐懼湧到我的身上。習慣向來對我做了些什麼？找碴的習慣，責備的習慣——這是我對你做孩子的獎勵。並不是因為我不愛你，而是因為我希望於你——一個未成年孩子的太多。那是用我自己歲數的尺碼衡量你。

在你的品格中，有許多地方蘊藏著真善美。你的小小心靈同廣大的群山那邊的曙光一樣大，這個從你自然衝動地跑進來與我擁抱就可以證明。孩子，今夜沒有其它事了。我在黑暗中走到你床邊，羞愧地跪在那裡！

這是一種微弱的贖罪！我知道，如果我在你醒的時候告訴你，你不能了解這些事。但明天我將是一個真實的父親了！我要與你親密，你苦我也苦，你笑我也笑。當批評的話來到嘴邊，我要咬我的舌頭。我要不斷地說：他不過是一個孩子——一個小孩子！

我恐怕我已把你想像為一個成人！但我現在看著你，孩子，你疲倦地蜷縮在床上，我看見你還是一個嬰孩，昨天你還在你母親懷中，你的頭倚靠在她的肩上。我要求得太多、太多了……

06

smile

讓人三分又如何？

讓人一步路自寬。
今天你讓一寸，明天別人讓你一尺。
無論是為了做事，還是為了做人，
讓人一步，是替自己日後留下方便的基礎。
若凡事都與人爭一高低，只會徒增煩惱罷了。

為人處世，退讓與得失，古人多有論述，唯列子在這方面有其獨到的理解。《列子．天瑞》篇中寫道：「若使很聰明的人計算利害，估量虛實，揣度人情，所得一半，所失也一半。若是不太聰明的人，不計算利害，不估量虛實，不揣度人情，所得一半，所失也有一半。計算與不計算，估量與不估量，揣度與不揣度，有什麼不同？只有無所估量，才能無所不估量，則完全成功而沒有失敗。」

所以說，讓人一步不是怯懦，「讓」中有伸，「讓」中有術。

晉文公重耳在外流亡時，輾轉到達楚國，楚成王以國君之禮待他。一次，成王在為重耳舉行的宴會上問道：「公子日後回到晉國，當了國君，將用什麼報答我？」

晉文公當時答道：「玉石、美女和綾羅絲綢你們有的是，珍奇的鳥羽、名貴的象牙就產在你們國土上，流落到我們晉國去的，不過是你們剩餘的物資，我不知道拿什麼報答你們。」

楚成王還是抓住這個話題不放，繼續追問：「即使像你所說的那樣，你總得給我們一點報答吧？」

重耳考慮了一下，回道：「如果托您的福，我能夠返回晉國，有朝一日，不幸兩國軍隊在中原相遇，我將後退三舍迴避您，以報答今日的盛情。若這樣做還得不到您的諒解，我也就只有驅馬搭箭，與您周旋一番了。」

公元前六三二年，晉文公採納中軍元帥先軫的計謀，離間了楚國與齊、秦的關係後，又離間了曹、衛與楚的關係。楚國被激怒，楚王命令尹子玉立即率軍北上，征討晉國。

晉文公見楚軍逼近，便下令晉軍後撤九十里（古時一日行軍三十里稱為一舍，九十里即為三舍）。晉軍將士對面臨楚軍來犯而自己後撤大不理解。他們認為：晉國之君躲避楚國之臣，這是一種恥辱！何況楚軍在外轉戰多時，宋國一直不能攻克，士氣已經衰竭，晉軍不應後退。晉臣狐偃向大家解釋：國君這樣做，是為了報答當年楚國的恩惠，兌現「兩國若交兵，退避三舍相報」的諾言。如果國君以前說的話不算數，我們就理屈了。

其實，晉文公下令退兵九十里，一方面是為了實現諾言，更重要的還是軍事上的需要，想以此激勵晉軍將士，並使晉軍避開楚軍的鋒芒，進一步養成子玉的驕橫情緒，然後選擇有利的時機和地勢，同楚軍會戰。

果然，晉軍撤到城濮之後，宋、齊、秦等國也分別派來了軍隊，支援晉文公的行動。而在楚軍中，一些將士見晉軍撤退九十里，也主張就此撤軍返楚。但是，子玉堅決不同意。他認為，晉軍後撤，是懼怕楚軍的表現。於是他率領楚軍緊追不捨，一直進兵到城濮附近的一個山頭下才駐紮下來。結果，城濮一戰，楚軍被晉文公率領的聯軍打得大敗。

距今二四〇〇年前的戰國時代，七國爭雄，其中魏、齊都是強國。某年，魏、齊締結了同盟條約，相約軍事聯合。後齊棄約，攻打魏。魏惠王惱怒非常，擬派殺手刺殺齊王。

為此，惠王召集重臣開會。結果，贊成與反對兩種意見一時難以決下。這時，宰相惠子向惠王推薦賢者戴晉人。戴晉人應邀，向惠王問道：

「大王可知蝸牛這種小動物？」

「當然知道。」惠王回答。

「這蝸牛的左角上有一觸氏之國，右角上有個蠻氏之國，兩國為領土問題，不斷刀兵相見。一次，雙方激戰十五天，死傷數萬方息兵。」

「咦！先生不是開玩笑吧？」惠王不解。

「這絕非玩笑！大王，您是否想過，宇宙上下四方可有盡頭？」

「應該沒有盡頭吧！」惠王回答。

「那麼，由一位以內心悠遊於無窮世界的人眼中看來，地上諸國不都是很微小嗎？在這些國家裡有個魏國，魏國有個梁都，梁都裡住著大王。以此來看，您與觸氏、蠻氏相比，沒有多大差距吧？」

「哦！是沒什麼差別。」聽了戴晉子的一席話，惠王悵然若失。

的確，看問題應該展現恢宏的視野。只有把自己放進廣闊的空間與時間，才能知道自己存在和努力的方向。成功了可盡情地享受喜悅，失敗了也可找到安慰自己的方法。

人生就是如此。只要我們走出蝸牛的視野，任何的風向都會是順風！

07

smile

未知生，焉知死

「生死相隨」是自然的定律，
就像一天12個時辰，一年24個節氣。
人是宇宙中的一分子，
只要隨著自己的步調去運行，
一切都是大自然的法則。

想開心快樂地做人，就不要心存幻想，奢望長命百歲，像神仙那樣沒病沒災；應該從現實出發，認識到死亡是人生的必經之路。

在現實生活中，每時每刻都有人誕生，也有人死亡，「死」是人一生中一個極其重要的組成部分，是構成人生本質的重要因素。人出生後，每過一秒鐘，表面看是「生」，實質上都是邁向死亡的過程。生命一分一秒地流逝，意味著人離死亡更近了。因此，生包含著死，死又蘊藏著生。

有一次，子路向孔子問道：「老師，請問，死是怎麼回事？」孔子對這個老喜歡提一些怪問題的弟子早有些不耐煩了，他把臉一沈，回道：「生的道理，我還沒有弄明白，怎麼懂得什麼是死呢？」

這回答把子路嗆得一鼻子灰。他把頭一縮，再也不敢開口。

「未知生，焉知死。」有關死亡的問題，孔子認為，先應該把生弄明白了，再去思考死是怎麼回事。他在學生面前，總是裝出對死毫不在乎的樣子，聲稱：「早晨懂得了真理，晚上就可以死去。」

這段話常常被後人引用。它的原文是：「朝聞道，夕死可矣。」

古希臘晚期有個哲學家伊壁鳩魯說：「死與我們活著的人毫無關係。因為當我們活著時，它們並不存在；而當死亡來臨時，我們又不存在了。」

當代奧地利的哲學家維特根斯坦也認為：「死亡不是生命中的事件，因為我們不會活著體驗死亡。」

因此，只考慮生而不思索死，孔子的做法似乎頗為明智。

但是，上面所說的只是哲學家的思維。事實上，人類最恐懼的就是死亡。於是，許多聰明人或自認為聰明的人紛紛想盡辦法，安慰我們這些活人。有的說：人死了，靈魂上了天堂。有的說：人死了，可以投胎轉世，二十年後又是一條好漢。

可是，這兩種說法又不能安慰人。靈魂上天堂，虛無飄渺，沒有誰能知道那是個什麼樣子；投胎轉世就更玄了，即使那當真可能，也是另一生的事，與現在的「我」沒有什麼關聯。

孔子站出來說：生和死是兩碼事，兩者河水不犯井水。伊壁鳩魯指出：活著的時候嘗不到死的痛苦，死了又沒有生命，何必為死操心？這看起來很有道理，但同樣不能解除人們對死的恐懼。

正確的理解應該是：死與人生息息相關，死亡伴隨著人全部的生命過程。每一個人一生下來就把自己交給了死，死與生一開始就結成一體，死屬於生，生也屬於死。

生與死是一個銅板的兩面，對死的認識影響著對生的態度。有的人意識到人終有一死，於是就大肆揮霍享受；有的人意識到人必有一死，於是抓緊每一寸光陰學習和工作。孔子說：「不知道生，怎麼知道死呢？」其實應該倒過來說：「不知道死，怎麼知道生呢？」

我國古代的道家先鋒人物老子和莊子既能參透死，又熱愛生。他們崇尚一種自然的人生態度，同樣也主張以一種自然的平常心對待生死，認為一個人應該不貪生、不怕死——出生了不歡天喜地，面臨死亡也不呼天叫地。無拘無束地來，無牽無掛地去，不忘記自己的來源，也不追求自己的歸宿。事情來了就欣然接受，把生與死扔在腦後，不想方設法求生，也不想方設法避死，一切都聽任自然的安排，不用人為的辦法去破壞自然。

人有出生的一天，就必須有死亡的那一天，就像有黑夜就必有白天一樣。這是自然規律、天道的法則，每個人都逃避不掉。

把船藏在深山的大澤之中，可以說是再牢固不過了。但大地不斷運動，有些山谷成了高山，有的高山又夷為平地，山谷就有變化，船也藏不住了。高山和深谷都會變化，何況肉體之身的人呢？有些人一發現自己臉上有了皺紋、頭上生了白髮就發愁，實在是不懂得自然之道。對於老少生死，要聽其自然，這樣才能過一個瀟灑自在的人生。

珍惜自己的生命並不是過錯。除了極度的厭世者以外，其實人人都是熱愛生命的。

《伊索寓言》中說：有一個老人上山砍柴。砍足了柴，他把柴扛上肩，走了很遠的路，又渴又累。他把柴撂在路邊，喘著氣，嘆道：「還不如死了的好！」死神一聽好高興，連忙跑來問他需不需要自己幫助。老人並沒有要求死神把他帶走，反而說：「請你把那捆柴放到我肩上！」

寓言中這位老人心境的變化很有人情味，其中蘊含著一種人生的哲理——人們再怎麼厭世惡生，也不會真的想結束自己的生命。那麼你可以停止抱怨，順其自然吧！

08

smile

不妨來個假設

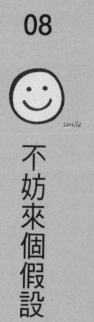

世上有兩種人，
一種是，面對想像，
就會被想像中的痛苦所折磨。
一種是，即使面對苦難，
仍然擁有陽光般的笑顏。
日子怎麼過？存乎一心吧！

有些人的許多痛苦是假設而來的，假設不幸福，假設會失敗，假設……

那麼，我們一樣可以從假設開始，找到快樂——假設幸福，假設成功，假設……假設就意味著你的進取心——你還有機會改變。

在一家心理診所，一個年輕人對醫生說：「世上最不幸的事就發生在我身上：女友結婚了，新郎不是我。我參加了她的婚禮，新娘美得讓我心疼，眼睛亮晶晶的，像是含著淚。之後我再也沒見過她，也沒得到任何關於她的消息。想她一定不幸福，因為她最終沒有嫁給她最愛的人！她現在可能已經在後悔自己輕率的選擇……」

「聽起來，你非常愛她？」醫生聽完了，問道。

「是的，醫生。」

「你因她的痛苦而痛苦，因她的幸福而幸福？」

「是的。」

「你說她現在不幸福，是聽她說的，還是聽她的父母說的？」

「都不是。但我擔心……」

「聽著，年輕人，你所有的煩惱都是因假設她不幸福而起。既然只是假設，你還可以有另一種假設——假設她是幸福的。」

年輕人想了想，站起身來向醫生道謝。

老王和老楊是隔牆鄰居，老王眼見耳聞了老楊大半輩子經受的苦難和打擊，然而，老楊臉上每天都掛著陽光般樸實而燦爛的微笑。

一天早晨，老王經過老楊家門前，「老楊，我真不明白，大家都說村中你最苦最累，你大兒子負債累累，遠走他方，二兒子打工又賺不到多少錢，三兒子還在唸私立大學……那麼，你怎麼還笑得出來？」

老楊看了老王一眼，「老王，你所說的固然是事實，但我從來不為那些事實耿耿於懷。一直以來，我為自己的希望、兒子的希望，乃至孫子的希望而努力工作，工作使我的每一天都充實無比，還有什麼好難過的？」

假設路上的鮮花、青草都在歡迎你，那你在旅途中將無比愉快。反之，若假設一切都在阻礙你，那鮮花和青草都會帶給你痛苦。假設人們在真心關心你，你就不會孤獨；假設人們都對你漠不關心，你將孤獨一生……

一個人的快樂，主要還是源於自己的想法。

所以，詩人說：「人人都可以成為自己人生的建築師。」

09

smile

該做的事，別想得太多

不跳下水的人，
只在岸上揣摩別人的動作，
這種人一輩子都不會游泳。
想太多，不如起而行，
否則一輩子都會生活在想像中。

人生有很多煩惱都是源於想得太多，即所謂「自尋煩惱」，結果弄得自己毫無快樂可言。

生活中，很多時候，當一件很必要做的事臨到頭上，有的人總很容易產生這樣的想法：「唉！我真不想做這件事！為什麼一定要我去做、要我去碰上呢？」這樣一來，越想越不開心，越想越煩惱。

懷著這樣的心情去做事的話，結果肯定不會如意。即使事情做完了，最多也只能是差強人意。

人總有「不想做」的時候。那麼，什麼時候「想做」呢？它的答案一定會令人失望。但許多人仍然期待著：「等我想做的那一天，我一定能……」抱有這種想法的人必然不可靠。因為，人生來的惰性會讓他越來越不想做。

人類比起生來只是為了滿足食物與生殖之外的其牠動物來說，是具有高級思維力的動物。但人類也只是想做些愉快的事，進行高層次享受的動物。人類所做的一切，都是為了：「讓這個世界更美好。」

更美好的終極意義在哪兒？當然是更美好的生活。怎樣生活才更美好？馬克思描繪了一幅共產主義的圖畫——世界就是一家人，和平共處，有難同當，有福共享。這仍是一種享受與勞動的景象。勞動的目的，當然是為了享受人生。但人類的本性中含有懶惰的成分，這是錯不了的。

與一個簡單的例子：人們使用電風扇，目的就是減少用手扇風的勞動。本來用扇子去扇風也不算怎樣辛苦，但人們仍然極力爭取高層次的享受。

有一項心理實驗，是為了了解人類在滿足了一切欲望之後，怎樣生活。實驗的結果出人意外——人最後所採取的行動是躺下來睡覺，什麼都不幹。

所以，等到「想做」的時候去做，對於大多數人來說，真的去做的情況是不會出現太多的，除非是去做些享受方面的事。所以，不要指望這種心情。最好的辦法是把像「我好煩」、「我不想做啦」、「想起這件事就沒幹勁」等等之類的念頭從腦海裡排除，踏踏實實地著手去做。

很多人都有這樣的經歷：「萬事開頭難。」但是，一旦起了頭，便漸漸地顯露出興趣與耐性了，其它一切想法及煩惱也會煙消雲散。

要戰勝懶惰，心理上要先興奮起來。不去身體力行，當然談不上興奮。所以，行動是激發興奮最行之有效的方法。凡事、特別是煩惱的事，都不去想而堅持去做，持續地做，做習慣了，一切就好了。

在排除煩惱干擾事業方面，美國著名的教育家卡耐基最有經驗。

卡耐基二十四歲時，眼睛突然不行了，看書看不到三、四分鐘，就覺得眼睛彷彿扎滿了針。即使是不看書的時候，也十分敏感。

就在他的眼睛情況最糟糕時，他接受了一個請他去為一個大學團體發表演講的邀約。他不顧自己的困難，堅持前往。

演講廳的天花板上懸著許多盞大燈，強烈的燈光刺得他的眼睛痛得不得了。他坐在臺上，等待上前演講，不得不望著地板。然而，在其後三十分鐘的演講中，他完全不覺得痛，而且可以直接望著那幾盞燈而不眨眼。

還有一次，當卡耐基乘船經過大西洋時，又經歷了類似的情況。那一次，他突然腰部痛得很厲害，嚴重到無法走路。光是站著，就痛到了極點。就在這種情況下，他又應邀在甲板上發表一次演說。

按當時情況，他應該拒絕。但他沒有。

他勇敢地開始了他的演講。一開始演講，所有的疼痛都離他而去，他站得筆直，一連講了一個鐘頭。當演講結束，他輕輕地走回房間。這時，他的腰痛已經消失了。

後來，卡耐基頗有感觸地說：「一個人的心理態度對各種工作都起著絕對重要的作用。當你能夠的時候，就應該盡力去做，去享受生活的重要性。當一個人強迫自己去做一件事，所有的沮喪和憂愁都會隨著汗水流光。」

美國的大企業家洛克菲勒也說：「我的成功，沒有任何訣竅，只是在面對應該做的事時竭盡所能罷了。」

日本以勤奮著稱的思想家二宮尊德也說過同樣的話：「碰到必須做的事情時，不要問自己是否方便。」

總而言之，就是著手去試試看，什麼都不要想……

10

欲望與壓力的循環

英國大文豪蕭伯納曾說：
生活中有兩個悲劇——
一個是你的慾望得不到滿足，
另一個是你的慾望得到了滿足。

從高層次和廣闊的領域去認識、理解宇宙與人生，是人們獲得幸福、擺脫痛苦的根本原則。如果這種認識和理解達到一定的程度，其精神昇華到至高無上的境界，那麼，心靈自然平靜，精神自會泰然。當我們苦苦地思索煩惱如何解除之時，固然有必要從心理的角度著眼，但更多時候，應從世界觀和人生觀探求。一旦我們經過努力學習和修養，樹立了正確的世界觀和人生觀，我們的精神就肯定會像弱不禁風的小草一樣，隨著外界的每一個細小的刺激和影響而顫動，不會終日愁容滿面、怨天尤人、長吁短歎。

人類有多種多樣的欲望和需求。現實中，欲望和需求得到滿足，能夠引起愉悅。相反則憂愁、煩惱，甚至於極度痛苦。可見，欲求與現實的矛盾是引起煩惱和不愉快的一個重要原因。

古代的哲學家對此早有明察，並提出各自的主張。孔子認為，一個人不應有過分的欲望和奢侈的要求。欲望過多，善性即使力保，也會喪失大半；欲望很少，善性即使喪失，也很少很少。老子更明確地說，欲望過多，不僅會引起煩惱，而且會危及自身。莊子直截了當地主張取消一切欲望和追求。他們的思想各有得失，有的人甚至失之偏頗。

但是，這些大師級人物在一點上是共通的：為了全身避害，為了理想，為了精神的平靜和歡愉，必須對物質的欲望給予必要的節制。他們的思想給我們指出了這樣一條思路：應該從物質欲望與現實的矛盾中尋求煩惱的解除。如果我們極力發展和膨脹個人的物質欲求，提出種種損害社會和他人之權益的要求，提出種種與本人目前條件和能力極不相應的奢望，那就會怨時憤世，責天怪人，從而陷入煩惱、壓力之中不能自拔。

如此看來，寡欲是必要的。如果我們減少過分奢侈的物質欲望，取消那些損害社會和他人之利益的要求，而從維護個人的生存發展和基本權利的前提出發，提出比較現實的要求和願望，為實現這些要求和願望，必以正當的手段爭取，那麼，我們的欲望、要求，一般是可以滿足和實現的。這樣，我們的精神能滿意，心靈能平和，就不會滿腹怨氣，恨天不平了。

當然，即使從個人的基本需求和正當權利出發，提出合理又現實的要求和願望，在複雜的社會和艱難的人生之中，往往也頗難如願以償。積極努力，得不到應有的報償，為社會所做的貢獻竟被抹殺，受到種種不公正的待遇，甚或長期得不到社會的理解……這一切都會引起心理的波動、精神的惶惑，陷入深深的煩惱和痛苦之中。如何恰當地對待人生道路上的這一切，正確地解決它們，這是一個人能否愉快地度過一生之關鍵。

對此，古人亦有他們的觀點。孔子提出「知天命」的思想。孟子進一步把人的一切活動分為兩大類。我們若要積極樂觀地生活，必須認識人生道路上的必然性，懂得何者當為，何者不當為。具體說來，就是要認清人類社會發展之必然，維護和追求個人的基本需要和正當權利。當我們遭到不公平的待遇，受到了委屈，被誤解，我們的心情仍須保持平靜，並反躬自省，捫心自問，我們是否無愧於社會，也無愧於時代。我們應當堅信是非自有公斷，蒼天不負苦心人，我們走的是人生的必然之途。必然之為必然，就在於它是人生和社會的規律所在。我們以平靜的心情、向上的精神，自由輕鬆地在世界上生活、工作、奮鬥，就會驚喜地發現，人生確是充滿快樂和陽光。

認識人生的必然性是一件困難的事，而遵循必然性，去實踐自己的人生，更是困難千萬倍。人的一生，有數不清的關口，有善與惡的選擇、生與死的決斷、血與火的洗禮，它們時時震撼著我們的心靈。當我們沿著人生的必由之路，譜寫自己的人生篇章時，取「知天命」的態度還不夠，必須具有

「殺身成仁」、「捨生取義」的堅強意志、高尚精神和浩大氣魄。

從先輩的思想中，我們可以看出，要擺脫心理上的煩惱，最要者在於建立正確的人生態度。一天到晚患得患失，憂心忡忡，空想憤怒和沮喪在頭腦裡「大鬧天宮」，這實際上是個人主義在作怪。把個人的利害關係看得淡薄些，把自己的榮譽大小看得輕微些，許多煩惱就會自行消遁。

驅除煩惱的另一個要點是建立正確的思維方法。煩惱本身無濟於事，只徒然使自己增加痛苦。煩惱和積極的思考不同。煩惱僅僅是一種消極的擔心，尤其是在無能為力或不值得憂慮的情況下更是如此。

驅除煩惱的再一個要點是懂得社會和人生變化的辯證關係。萬事順心如意，都按自己的主觀意願發展是不可能的。生活有自己的進程，是無數事變的組合。事情的變化有時很難說是好是壞——「塞翁失馬，焉知非福。」自尋煩惱毫無價值。遇到壓力時，只要努力不懈，不拱手待定，出路總是有的。俗話說：「車到山前必有路。」不要把一時的壓力看成永久的困難，把局部的壓力看成總體的困難。這樣，許多壓力就會迎刃而解，許多煩惱也就煙消雲散了。

還有一種彌漫於人心中的煩惱是由「超人」的心態所引起——凡事總想超越在他人之前而不甘落在人後的競爭心。

有上進心是好事。上進心可推動個人和社會前進，是可貴的動力。但如果對自己的期望過高，不根據實際情況，什麼事都想超過別人，什麼事都想做得完美無瑕，必然引來不必要的煩惱。世界上沒有足赤之金，也無完美之人。一個人總有無能為力的時候，強而為之，就會引起煩惱。

所以，對自己要有一個恰當的估價。哪些是必要做、有能力做，又是自己力所能及的，就把主要精力放上去，盡最大的努力做好；做不到，不要勉為其難。這樣，因「超人」的衝動引起的煩惱就不復存在了。當你腳踏實地，從小事做起，一個個具體的成績就會像一朵朵盛開的玫瑰花般向你招手，使你怡然自得。一個個小壓力經過你的努力，妥善解決，無數的煩惱就會離你遠去，使你擺脫壓力的困擾，做一個幸福樂觀的人。

第二章

因為人都有不足，所以才能感受到人生的美好

01

smile

缺點也可以變成優點

贏家總有計劃，
輸家總有理由。
贏家總能解決問題，
輸家總在製造問題。
贏家與輸家，差異不在不足，而在作為。

容貌不太好，學歷並不高，嗓子像鴨叫，不善言辭、害怕交際，反應遲鈍……一個人若是有了這些缺點，多半會因自卑而變得鬱鬱寡歡行為消極，人生因此也變得晦暗。其實，只要正確地認識自身的缺點，就可不必因此而煩惱。一方面，人無完人，是人，哪有全無缺點的？另一方面，缺點也只是相對而言，有時一個人的缺點也是他的優點與特色，發揮這一特性，很可能正是獲得人生成功之喜悅的因素之一。

電視裡經常出現的一些明星，有的個子出奇矮小，有的講話結結巴巴，一字一頓，有的身材肥胖得出奇，反應又似乎很遲鈍。偏偏這些人還能吸引許多觀眾的興趣。這些年來深受廣大小朋友喜愛的日本卡通劇中的蠟筆小新、櫻桃小丸子，哪個是真正完美的偶像？電視裡有意地刻畫這樣的形象以提高收視率，其中的妙處就在於利用他們的缺點或特性。這樣的成功與一般人發揮特長、優點所取得的成功顯然並沒有什麼區別。

每個人都有缺點和不足，都會有緊張、不適的體驗，這些都很正常，應該學會接受它們，順其自然，把這些負面因素做積極性的思考，把缺點轉為成功的跳板。如果能這樣做，有了缺點，反而會成為一種驅動力。

愛迪生幼年上學時，反應遲鈍，常常問些奇奇怪怪的問題。為此，老師竟認為他簡直不值得教，把這位後來的世界級發明大師逐出校門。愛迪生的母親則利用他的好奇心，加以引導，因而使世界上多了一個偉大的科學家。

只要對自己懷著信心，就不怕有這樣或那樣的缺點。

克萊門特．斯通說過這樣的話：「記住！你認識到你自己所具有的積極心態那一天，也就是你將遇到最重要的人的那一天。這個世界上，最重要的人就是你自己！你的這種思想、這種精神、這種心理就是你的法寶，你的力量……你的成功、健康、幸福與財富就依靠你如何運用你這看不見的法寶。你將如何運用它呢？這由你自己選擇。」

當其它方面並不具備完全的優勢，精神面貌就決定著一個人在世界上處於什麼樣的位置。

俄國作家契訶夫說得好：「這世界有大狗，也有小狗，小狗不該為大狗的存在而心慌意亂。所有的狗都應當叫，就讓牠們用各自的聲音叫好了。」

即使是一隻小狗也會大聲叫，這就叫各得其所，各享其樂。先天有缺點和不足的人，在人生的旅途上，也可以成為一個贏家。

02

內疚是人生的負能量

人的一生之中，
最無濟於事、最令人可憐的情緒，
就是為自己過去的所做所為感到後悔。
而這份內疚根本於事無補，
只會平白浪費時間，讓自己空轉。

內疚是所有行為中最無益處的，它只會浪費你的時間和精力。說得直接點，內疚無疑就是浪費生命。因為，從理性上說，你現在因「已經」發生的某件事而沮喪、遺憾，並不能改變任何既成的事實。

使內疚變成一個人情緒的一部分，有兩種基本途徑：一是外在環境強加給你的；另一種是自己加諸自己的。

自己加諸自己的內疚較外在環境造成的內疚更為麻煩。典型的自己加諸自己的內疚包括：因責備某人而憎惡自己；或是因為一時說溜嘴，無意中得罪了同事、朋友；或是做了不為人知的錯事……等等。這些均會導致你的情緒趨於惡劣。

過去的就應讓它過去。你因為內疚，試圖改變已發生的過往。但事實是，你不可能改變什麼——你根本不可能扭轉乾坤。

不過，你可以開始改變你對內疚之事的態度。你可以學著去接受它，絲毫不再心存內疚。你可以做任何合乎自己價值觀的事，同時又不傷害任何人。如果你做了某事，無論它屬於何種性質，你做了之後不喜歡，或不滿意，那就告誡自己下不為例。你應該學習超越內疚。因為內疚於事無補，只會使你陷於停滯，增加你的心理負擔。換言之，內疚只會使你不快樂。

以下且讓我們試試幾種消除內疚的方法——

1．把自己的過去視為絕對無法改變的事實。不管你陷入何種內疚，都不會使你的過去有所改變。這種想法可幫助你根除內疚，並從過去的行為中汲取教訓。

2．重新思考你的價值觀。哪些是你相信的價值？哪些是你假裝接受的？列出這些價值觀，下決心遵守自己所服膺的道德規範。

3．認定行為的真正結果。不要以一種模棱兩可的感覺決定生活中對和錯的事。確定行為的結果是否使你快樂，才是有益的。

4．告訴那些在你的生活中，企圖以你的內疚控制你的人，你能坦然面對他們對你的失望。一旦你能消除內疚，就可消除別人的操控。

過去的就應讓它過去。你因為內疚，試圖改變已發生的過往。事實是，你不可能改變什麼——你根本不可能扭轉乾坤。如果你一直為過去的事不開心，又怎能快樂起來？

跳出內疚的死胡同，你就可以看到條條通往羅馬的大路！

03

如果我遇到了不順心？

人生難免會遇到一些不順心的事。
有些人對不順心處之泰然——放得下。
有些人對不順心則過於偏執——想不開。
事實上，遇到不順心，也要以平常心對待。
放輕鬆點，有些事的結果比你想像的好得多。

多年前，我在一所末期病人收容所報名參加一項義工訓練計畫，準備為這類病人服務。我的導師之一是法蘭西絲，她是一位退休護士。

她帶我去探望一位76歲，結腸癌已擴散全身的老先生。他叫羅艾，看起來像具骷髏，但棕色的眼睛仍然明亮。「好極了，」我們第一次見面時，他開玩笑說：「終於有個人頭頂禿得像我一樣了。我們一定能談得來。」

不過，探望他幾次之後，他就開始埋怨我的「態度」，說我從不在他講了笑話後發笑。那倒是真的。我很少能夠放鬆心情，甚至很難相信我應該放鬆心情。因此，我大部分時間都躲在一個虛假的笑容後面度過。

過去這些年裡，我見過許多利用幽默幫助自己面對困境的人，他們有些是我朋友，有些是業務上有來往，有些是收容所裡的末期病人。他們使用的技巧是任何人都能學會的。你練習這些技巧，不久以後，它們就會成為你日常生活的一部分，就像它們如今已成為我日常生活一部分一樣——

一、敞開心事——勞倫斯．詹柯神父在貝魯特曾被扣為人質18個月，大衛．傑克布森也曾經被囚17個月。這兩個人都發現幽默能幫助他們維持清醒的腦子。他們沒有整天自憐自怨，只是訓練自己努力去發掘任何具有積極意義的事，然後與別人分享。他們甚至和警衛尋開心。「每天晚上。」詹柯說：「警衛都來問我們有什麼要求。我們知道，就算是最簡單的要求，他們也絕少答應。因此，我們總是異口同聲地回答：『叫輛計程車！』」

二、列出快樂的清單——我從一個末期病人身上學到了創造歡樂感的有效方法。我最後一次看到這年輕人時，他交給我幾張紙，說：「請你在我死後，把這個交給我媽媽爸爸。那是個清單，列出了我們曾一起歡笑的所有時刻。例如，有一次爸爸開車載我們全家去參加化裝舞會。我們裝扮成各種水果。爸爸因為超速，被警察截住了。那位女警察朝車裡一看，立即哈哈大笑，問道：『你們去哪裡？水果店嗎？』她沒有給我們開罰單，只說：『開慢點！我不希望發現你們被壓扁了，散落在公路上。』」

他那份清單有六頁，結尾處附了張給他父母的信，說不希望他們只記得他生病的樣子。他請他們也想那些美好的時光，因為他記得最清楚的就是它們。列一份樂事清單，是在生活中創造愉快心情的簡易辦法。每次你經歷了某件讓你覺得開心的事，馬上把它記入筆記本。然後，當你覺得想發牢騷，就看一遍那份清單，你的心情必會立即恢復舒暢。

我開始開列樂事清單時，只能寫出三項。因此，我每天留意荒唐、玩笑和各種歡樂的時刻。八年後，我單子上的開心事已增加到三百件。

三、渡一次短假——「如果你知道自己每天竟有那麼多消極的幻想，就不會奇怪為什麼你會那麼緊張。」心理學家瓊安．波里辛柯在《照顧身體，改善心智》一書裡說：「為什麼不積極地引導你的想像力，創造一些積極的幻想，以代替那些消極的呢？」

環境艱苦時，記住，除了工作之外，你也有玩耍的權利。那對你會有幫助。即使你不能抽身，也可以運用想像力，「度一次短假」，幫助自己消除緊張。我有位朋友是個執法人員，熱愛潛水。每次全家度假，都是去這個或那個潛水地點。「如果某天我工作時事事不順遂，」他說：「我就會停止工作，然後打開一個我隨身攜帶的小袋。那裡面裝了貝殼，是我歷年來在特別愉快的潛水假期中收集的。我會挑出一個貝殼看著，然後就會記起我和全家人發現一個美麗珊瑚或一尾怪魚的那個時刻。那短短的幾秒鐘，提醒了我凡事要放輕鬆點，不要過於執著。」

「渡短假」，可以有許多匠心獨運的方式。一位神經外科醫生在施行手術時，喜歡聽鄉村音樂。一位工廠經理在辦公桌旁的牆上掛了一幅龐大的照片，上面罩著帷幕。當他需要休息時，就拉開帷幕，對著照片中那純樸的瑞士湖凝視。這種心靈上的瞬息旅行既不用花錢，也不需預先訂位。

四、自我調侃——我們希望別人認為我們是聰明人、勝利者，而不是蠢人、失敗者。因此，當我們不慎出了錯，我們大都希望能找個地洞躲起來。其實不必這樣。你不妨找尋這錯誤中能令自己發噱的一面。

一位朋友告訴我一件令她難忘的事。有天晚上，她在公司的宴會中上臺領獎。但領獎之後，她滑倒了，獎品掉在頒獎人的腳趾上。她俯身撿起那打破了的獎品時，又把裙子劃破了。「更糟的是，」我的朋友說，「那個獎是褒揚我們管理部門獲得全廠最佳安全紀錄的獎。」她應付的辦法是自我調侃，和台下的人一起哈哈大笑，避免使勝利變成慘敗。

另一位在核電廠當領班的朋友告訴我，有一次，廠裡發生意外，他趕去指揮應變工作時，遇到一批電視攝影人員。「我在當晚的新聞節目裡看到自己的模樣時，吃驚得目瞪口呆！」他咯咯笑著說：「我離家時太匆忙，假髮戴得前後顛倒了。它看起來就像一隻老鼠死在我的頭頂上。」

幸好這些人已經學會如何自嘲，從中取樂。他們不但沒有緊張起來，反而輕鬆以待。日常生活中，有什麼不順心的事，不要總是給自己加壓。放輕鬆點，你就會感到快樂時刻就在你身邊。

04

smile

不要自我否定

心理學者岡田尊司說：
「各種認知的偏差，就會隱藏一個情緒問題，
就是『自我否定』。」
所以，在生活中不要認為：
「完美才是好的，不完美就是壞的。」
要告訴自己說：
「凡事都有好與不好，這是事物的常態。」

每當你發現自己正在迴避未知時，馬上自我警示，在內心裡進行一場自我對話。告訴自己：在生活的具體關頭，不知道正往哪兒走，這沒有什麼值得恐懼的。要改變一種習慣，首先必須對其有所認知。

在某些無關緊要的事上失敗，例如，輸了一場球，畫了一幅糟糕的畫，你的個人價值是否有所減少，還是絲毫不受影響？你是不是仍然可以從愉快的活動中獲得樂趣？經歷這些小小的失敗，你也許會找到一些更好的體驗。

如果你無法選擇一種積極的自我形象，那就很可能陷入一種自我貶抑的誤區。下面列舉的是日常生活中人們很容易出現的典型性自我否定行為。

回絕別人對你的讚揚。如：「噢，這沒什麼……」「這並不是我了不起，只是運氣好……」解釋你的漂亮儀表。如：「這個髮型是設計師手藝好……」「是小琪建議米色搭綠色挺配我的……」當你做出成績時，總是歸功於他人。如：「多虧了傑克！沒有他，我真是無從下手……」

你不給自己添加什麼東西，卻又常送別人東西，儘管並不需要這樣做；不敢穿戴名牌，因為你覺得自己不配；不給自己買喜歡的鮮花，因為你覺得那是一種浪費；在一個聚滿人的公共場合，有人說你小家子氣、守財奴，你也感到這樣無所謂；你的一位朋友或情人送你一件珍貴的禮物，你心存感激，卻又想：「他一定也給別的人送過如此貴重之禮！」

別人說你氣色不錯，你卻以為：「要嘛他在胡說八道，要嘛是想讓我感到舒心？」有人請你吃飯或看電影，你卻懷疑：「剛開始他會這樣，可一旦發現我到底是一個什麼樣的人，他還會這樣嗎？」

你正追求一位女孩子，追了好一段日子，對方總是不冷不熱有意無意地。有一天，你終於提出了邀約，想不到對方竟然同意了。這時，你反過來覺得對方是為了不傷你的心才同意你的邀請。就是如此地「自以為是」！

上面所列的各種情況，大多是我們日常生活中常見的事。你或許以為它們是些微不足道的小事，但從這些微小之處，可以看出你的一種自我摒棄的思維方法。你不自覺地讓自我否定成了你的第二種天性，因而在日常言談舉止中，你無意中會表露出大量自我否定的行為。每當你做出某種自我否定行為時，便進一步加深了別人已經給你帶來的壓力，並減少生活中愛的機會——無論是自愛還是對他人的愛。

因此，你如果常常浪費時間在否定自我，不如用那些時間來尋找自己的價值。

05

smile

别做天下最笨的人

明明我很努力，我很用心。
可是，為什麼到頭來總是不對頭？
不死心，一而再、再而三的——錯錯錯！
這時，你應該冷靜思考一下，
為什麼老是撞牆碰壁，是不是該換個方向了？

人生本就是一連串選擇的結果——你做了什麼樣的「選擇」，就會得到什麼樣相對的「果」。

有一對結婚已超過15年的夫妻，從高中時代就是「一對」。雖說從年輕時代開始就是女的精明能幹，男的則是大剌剌的粗線條，但也互補得相得益彰。只不過，隨著年紀漸大，最近兩個人好像鬧得有點「僵」。

說穿了，也不是什麼大問題。兩人之間既沒有第三者，也沒有什麼金錢上的問題。只不過，那位女士最近開始抱怨她的老公對她不夠用心。

不夠用心？怎麼說？

「是啊！你知道嗎？我跟他從認識到結婚，超過15年的時間，直到現在，他仍然記不得我的生日。你說，這不是不夠用心嗎？要是有心，不可能過了15年，還記不起來。而且，我們已經連續好幾年都為這件事情吵架，他還不了解它的重要性！」

哇！她講得可生氣了。

是啊！她說得很有道理。但是，結婚前或是剛結婚時他都記不起來的事，真的可以期望他在結婚多年後突然記起來嗎？

這麼說，可不表示老公可以不記得老婆的生日。我們可不想成為全天下女人的公敵。女人家最在乎的就是這種感覺——「生日」的意義不一定在於送什麼生日禮物，但那代表一種在乎、一種絕對的重視。

問題在於：若是這個老公對他的老婆很不好，很不用心，做老婆的生氣確是事出必然；但如果這位老公因天性使然，這樣的事記不起來，又何苦為難他，進而「為難自己」。既然這位女士那麼在乎這種感覺，老是因為自己的老公記不得而難過，何不在自己生日前一段時間，就用各式各樣的方法暗示對方，甚至在他面前走來走去，時時提醒：「最近好像有一個偉大的女人要誕生了……」

如此一來，這位老公因她的提醒而記起來，她就不用老為了同樣的事傷心難過，豈不兩全其美？

曾聽過一句相當有道理的話：「天底下最笨的人，就是重複同樣的錯誤，卻希望得到不同之結果的人。」

你可以犯錯，甚至有犯錯的權利，但絕對要從錯誤中「學習」到經驗，免得再犯同樣的錯，受到同樣的傷害。

但是，人的盲點就是自己的「慣性」。常看到周遭的人要不就不犯錯，要不犯錯似乎每次都一樣或是類似。而且，最傷腦筋的是以同樣的選擇、同樣的做法，卻帶著不同結局的期待，到最後總難免失望。

觀察周遭的人，總有些人在工作職場中忽略了辦公室倫理，喜歡傳些流言、製造些是非，不管是有心還是無意，到最後經常弄得上面的主管對自己有意見、平日和自己常要相處的同事也不對頭，只好拍拍屁股，轉換工作環境。沒想到，到了新的工作環境，沒多久卻又犯同樣的錯誤，內心中還巴望著這次的同事跟以前可能不一樣，所以不會有同樣的狀況出現。結果呢？可想而知。

於是乎，他們開始抱怨這個、抱怨那個。反正這些問題不是甲的錯，就是乙的不對，怪來怪去就是沒有怪到自己。你想，這樣的情況，自己會快樂嗎？絕對不會嘛！但問題出在哪裡？就在犯同樣的錯卻不自知，做同樣錯誤的事卻希望得到不同的結果。你說，這不是很笨嗎？

有個朋友，從認識他開始，就聽他說要「減肥」，前前後後不知多少年了，還是不斷地嚷嚷著要減肥，每次都是越減越肥。

問題出在哪裡？就在於要減肥，卻不先研究正確的減肥方式或請教專家。好歹減肥的方法和步驟要對嘛！結果呢？他老兄每次覺得自己胖，就不敢吃東西，常常餓著肚子。他認為這樣一來，熱量就會消耗。最後餓得受不了，又狂吃猛喝。當然，每次的結果只能越減越肥。

說也好笑，這樣的情形不知道已經發生過多少次，他每次還是要向自己的「意志力」挑戰。勸他換個方法或是跟著別人成功減肥的方法做，他還不肯。看來，他如果不改變，這輩子要瘦下來，難度是可想而知的。

別做天下最笨的人，重複同樣錯誤的方法，帶來錯誤的結果，又期望結果不同，徒然讓自己大失所望，落入「錯誤的循環」。如果希望得到不同的結果，就嘗試改變，使用不同的方式。這樣做，必會有意想不到的效果。

快樂，就在不經意的轉角處，只等你敞開心胸，嘗試「改變」，運用新的方法去經營你的人生！

06

smile

自己照顧自己

許多人都犯了同一種錯誤：
他們老是經由愛別人，
並要求別人的回饋，
來尋求對自己的愛。

理想的人際或婚姻關係有一個共同的要點；雙方各自能夠獨立地自我照顧，不會強逼他人照顧自己，或視對方的付出為理所當然。

我們常以為，理想的配偶、子女、父母、朋友，是能夠符合我們大部分的理想、期待，能夠回饋我們的對象。當對方不符我們心底所願，便大感失望、憤怒，甚至乾脆撤回我們的愛。認真說來，這是一種希望他人照顧並滿足自己的渴求作祟，它使得我們的種種作為、付出都像是利益交換，而不是愛。真正的愛，永遠是自由自在的，而不是強制的需索回報。

一位心理學家表示，每個人都應試著對自己的伴侶做這樣的告白：

「如果你想讓我快樂，或想知道怎樣才會讓我快樂，我希望你能為我做……但如果你不做或做不到，也沒有關係，因為我是成年人了，可以發自內心地體諒。你沒有義務讓我快樂，或是做我希望你做的事。我有義務讓自己快樂。如果我生你的氣，我會安撫自己；如果我失望了，我也會自行解決。」

與擁有這種認知與態度的伴侶為伴，不是很棒的一件事嗎？在人際關係中，我們可以明白地向對方闡明自己的需求、願望，但也應允許對方擁有不一定要提供的自由——我可以請你照顧我，但這並不是一種枷鎖。

每個人都應該學習創意性地自我照顧，適當地滿足自己的需求。畢竟，我們的第一種人際關係必然是與自己的關係。如果你無法妥善地珍愛自己、照顧自己、自我尊重，便無法真正地愛別人；如果你已擁有基本之所需，那麼，你將更有能力慷慨、不計報酬地照顧別人。

許多人常不由自主地迷失在約定俗成的價值觀裡，卻漠視實際經驗的重要性。我們的眼睛裡常只有車子、房子、孩子、事業、老闆、配偶……所有的人、所有的事物都比自己來得重要；我們願意顧及任何人或任何事，卻往往忽略了自己。物極必反，當我們精疲力竭、欲求不滿時，便反過來強逼他們照顧我們，無條件地為我們付出、回饋。

我們雖已離開童年久遠，卻還常慣性地希冀自己所愛的人能如早年的父母般，給予我們無微不至的嬌寵、照顧、情感的滿足。我們常讓自己的幸福取決於他人的態度、認可及給予與否，卻忽視了自己的力量。無論如何，如果想擁有一個快樂的人生，有能力照顧自己是最基本且必要的。

07

smile

幽默是快樂生活的處方箋

富於幽默的人，就是成熟的人：

一、他們的人生觀大都正面樂觀。

二、他們都是說故事的箇中好手。

三、他們也是在任何環境下，都是機智靈活的應變高手。

一個名人曾說：「生活中沒有哲學，還可以應付過去；若沒有幽默，就只有愚蠢的人才能生存。」幽默的語言可以使我們內心的緊張和重壓釋放出來，化作輕鬆一笑。在溝通中，幽默的語言如同潤滑劑，可有效地降低人與人之間的「摩擦係數」，化解衝突和矛盾。

莎士比亞說：「幽默是智慧的閃現。」一個才疏學淺、舉止輕浮、孤陋寡聞的人，很難生出幽默感。廣博的知識和深刻的社會經驗，敏銳的洞察力和想像力，高尚優雅的風度和鎮定自信、樂觀輕鬆的情緒，良好的文化素養和語言表達能力等，都是產生幽默的條件。當然，幽默也可歸納出一些具體法則。

使用雙關語是最常見的幽默之方。諷刺那些不肯做一點點犧牲，只想佔便宜的人，有如下的寓言——

一隻猴子死後去見閻王，要求下輩子做人。閻王說：「你既要做人，就得把全身的毛拔掉。」說完就叫小鬼來拔牠的毛。誰知只拔了一根毛，這猴子就哇哇叫痛。閻王笑著說：「你一毛不拔，怎麼做人？」

利用字的諧音製造雙關效果，也是一種幽默——

傳說，李鴻章有一個遠房親戚，胸無點墨，卻熱衷科舉，一心想借李鴻章的關係，撈個一官半職。他在考場上打開試卷，竟無法下筆。眼看要交卷了，便「靈機一動」，在試卷上寫下「我乃李鴻章中堂大人的親妻（戚）」，指望能獲主考官青睞。主考官批閱這份考卷時，發現他竟將「戚」錯寫成「妻」，不禁拈鬚微笑，提筆在卷上批道：「所以我不敢娶（取）你。」

正話反說。說出來的話，所表達的意思與字面完全相反。如字面上肯定，意義上則否定；或字面上否定，意義上卻肯定。這也是產生幽默感的有效方法之一。

例如，有一則公益廣告這樣寫——

吸菸有四大好處：一、省布料。因為吸菸易患肺癆，導致駝背，身體萎縮，做衣服就不用那麼多布料。二、可防賊。抽菸的人常患氣管炎，通宵咳嗽不止。賊以為主人未睡，便不敢行竊。三、可防蚊。濃烈的煙霧熏得蚊子受不了，只得遠遠避開。四、永保青春。不必等到年老，便可以提早去世。

有意曲解。所謂曲解，就是故意「歪曲」、「荒誕」、「巧妙」地進行解釋，將兩個表面上毫不沾邊的東西聯繫起來，造成一種不和諧、不合情理，出人意料的巧妙效果——

一位妻子埋怨丈夫：「人家鄰居A先生每次出門都會吻他的妻子，你就不能做到嗎？」丈夫說：「當然可以！不過，我目前跟A太太還不太熟。」

妻子瞪著丈夫說：「我一見你就來氣。」丈夫卻慢條斯理地回答：「好啊！我練了一年氣功還沒氣感，原來是你把我身上的氣都吸去了。」

英國著名女作家阿嘉莎・克莉絲蒂同比她小13歲的考古學家馬克斯・馬溫洛結婚後，有人問她為什麼找一個考古學家，她幽默地回答：「對於任何女人來說，考古學家是最好的丈夫。因為妻子越老，他就越愛她。」

有一位書生娶了妻之後，仍然保持讀書到深夜的習慣。妻子滿腹怨氣。一天，她對丈夫說：「但願我也能變成一本書。」丈夫疑惑不解：「為什麼？」妻子答：「那樣你就會整日整夜把我捧在手上了。」丈夫頓時明白妻子的用意，卻說：「那可不妙！要知道，我每看完一本書，都要換新的。」

鋼琴家波奇到美國密西根州福林特城演出，發現觀眾不到全場座位的五成，大感失望。但是，他走向舞臺的腳燈，對觀眾說：「福林特城的人一定很有錢，每個人竟然都買了兩三個座位的票。」整個劇場頓時充滿笑聲。

使用模仿語言。即模仿現存的字、詞、句及語氣，創造新的語言，把原來的語言要素用於新的語言環境中，造成幽默感——

一位女教師在課堂上提問：「『要嘛給我自由，要嘛讓我死！』這句話是誰說的？」

過了一會兒，有人用不熟練的英語答道：「一七七五年，巴特利克・亨利說的。」

「對！同學們，剛才回答問題的是個日本學生。你們生長在美國，竟回答不出，而來自遙遠的日本學生卻能回答，多可憐啊！」

「把日本人幹掉！」突然傳來一聲怪叫。

女教師氣得滿臉通紅，喝問：「誰說的？」

靜寂了片刻，有人答道：「一九四五年，杜魯門總統說的。」

一位教書先生上課時，發現張三、李四兩個人在課堂上睡著了。他先叫起張三，說道：「看你好沒出息，拿起書本就睡著了！你看李四多認真，睡著了還拿著書本。」

宋代文學家蘇東坡與好友佛印和尚都是滿腹經綸的學者，情深誼長，時常互相開點玩笑。一天，佛印請東坡吃「半魯」。東坡不解。原來是請他吃魚。第二天，東坡也回請佛印吃「半魯」。佛印以為也是吃魚，卻只請他曬了半天太陽。佛印質問大蘇為何不拿魚出來招待。東坡說：「請你食『半魯』下段。」兩人都在拆字上做文章，蘇東坡「技高一籌」了。

蕭伯納從蘇聯訪問歸來，對朋友們說：「我自命不凡，卻受到小姑娘的教訓。一天，我在街上遇見一個蘇聯小姑娘，很逗人喜歡，便哄她玩了很久。臨別時，我說：『你回去告訴你媽媽，今天同你玩的是世界有名的蕭伯納。』沒想到那位小姑娘竟然學著我的口吻說：『你回去告訴你媽媽，說今天同你玩的是蘇聯姑娘瑪莎。』」

有位老學者這樣介紹自己：我今年93歲，鬚髮全白，乃「皓首匹夫」；齒牙已全部脫落，地道的「無恥（齒）之徒」；老伴早逝，一人獨居，是為「獨夫」；身患心臟病，時好時壞，可稱「壞良心」；年老體衰，骨頭缺鈣，屬於「軟骨頭」；每早吃稀粥、豆腐乳，可謂「生活腐化」；午飯喜吃紅燒肉，依古人云：「食肉者鄙。」我又是個「鄙夫」；我一輩子執教鞭，又常參加社會活動，兼寫文章，是個「不務正業」之徒；家中各種新穎用具，一概不懂，是個「笨伯」……一系列自嘲，文雅詼諧，別出心裁，令人捧腹。

誇張。將事實進行無限制的誇張，造成一種極不協調的喜劇效果，也是產生幽默的有效方法之一——

有一次，馬克．吐溫坐火車到一所大學講課。因為時間快到了，他十分著急。可是，火車開得很慢。於是，這幽默家忍不住要個發泄怨氣。

當列車員過來查票時，馬克．吐溫遞給他一張兒童票。這位列車員也挺幽默，故意仔細打量，說：「真有意思，看不出您還是個孩子哩！」

幽默大師回答：「我現在已經不是孩子了，但我買火車票時還是個孩子。火車開得實在太慢了！」

幽默是我們生活中的調味料，它使我們的生活更加有滋有味。幽默能給他人快樂，也能讓自己快樂。幽默實乃消除對抗，分享快樂的良方。

08

smile

過日子比過節日重要

到底是過日子重要，還是過節日重要？
不要為了一天，而難過了一年。
事實上，人生在世只要看遠一點，
風景就會天天都亮麗！

七夕情人節的前一晚，我接到好友的電話。一聽電話那頭傳來的她的聲音，我就知道她的心情不是很好：「你在幹嗎？」

「吃飯啊！怎麼了？」我小心翼翼地回問，想要探知她目前的狀況。

「沒有啊！只是想跟你聊聊天。」說話的語氣，已經將所有的情緒都透露無遺。不要說我這個多年老友了，就是一般人，也絕對聽得出她的心情不好，可能心裡有事。

「還好吧？」想了半天，我問出這句自覺是最安全的話。

沒想到，一個人情緒一來，聽到任何話都可能受到刺激。我這話一出，她在電話那頭就開始哽咽了。

「朋友都還知道問『還好吧』，他竟然連一點表示都沒有！今天是什麼日子啊？拜託，七夕耶！」

哇！聽她這麼一說，我才突然發現，怎麼那麼多情人節？前幾個月她才因為同樣的原因跟我訴苦，轉眼又到了中國情人節。在我的記憶中，這個朋友和她的男朋友從在一起到現在，已不知道為了類似的事吵了多少次，每次都是同樣的情節，然後同樣的結果。

我勸了她好幾次：「不是每個人都很在乎這種形式上的東西。」但她總認為我是在「安慰」她，越講越不清楚。

這次，我終於忍不住了，跟她說：「大小姐，你也老大不小了，過日子可比過節日重要啊！」

可不是嗎？一年三六五天，特別的節日就那幾天，扣掉節日之外的一般日子可比節日多了許多，如果只是節日快樂，其它時間則相反，那還是痛苦大於快樂。不如好好地過日子，讓自己「快樂遠大於不快樂的時間」。

節日之所以特別，是因為有某些人物值得慶祝。如果只是為了那是個大家公認的「日子」而去慶祝，豈不是失去了原有的意義。

很多人似乎已經忘了「節日」的意義。節日是藉由一個特別的日子，提醒我們要將這件事常常放在心中。如果節日的意義是只有把當天特別記住，就「本末倒置」了。

試想，如果對父母親的孝順只是在每年的「母親節」和「父親節」聊備一格，其它日子卻忘了對父母親的愛，那樣的節日有何意義？孝順一天，不孝三六四天——我想，任何人也不要這樣的過節法。

問題是：太多人對節日的看法不在於這個節日對自己有什麼意義，而在乎對方對這個節日的反應，甚至將對方對這個我們所重視的節日的在乎程度和對自己的在乎程度劃上等號。

理缺點！這真的可以「同理可證」嗎？

很多人總是不忘情人節要給自己的情人買份禮物。但是，他可能一買就是好幾份；甚至因人而異，根據哪個人喜歡什麼而挑選禮物。像這樣，就算他記得這個節日，又能代表什麼？

有些人則從來不記得「情人節」，因為他沒有那麼多情人提醒他必須記住。而且，他對情人的態度就是——天天都是情人節。這樣不是很好嗎？

我不想帶著憤世嫉俗的語氣說：「節日都是商人炒作出來的。」也不想用安慰的語氣說：「他忘了你的生日，不代表他不在乎你。」我只想說，過日子真的比過節日重要。如果平常相處得好，是不是節日真的不重要。不要因為對方忘了某個日子，讓自己傷心，徒增不快樂；更不要平常相處冷到冰點，只因對方記得某個日子就欺騙自己：他還是在乎我的。

不可諱言，或許當眾人在過耶誕節時，一個人獨處，多少會感到有些難過。有個朋友曾告訴我，他總是在午夜之前讓自己入睡，免得一個人孤單地聽到平安夜的歌聲。第二天起來，他又裝得若無其事。

其實，真的有必要如此嗎？如果真的覺得平安夜不想一個人過，也可以和三五好友一起吃頓飯、出去走走，或者和家人自行發明個慶祝的方式，就像現代人不知什麼時候創造出中秋節烤肉的習慣那樣，只要感覺對了，一切就對了。

快樂是一種感受，一種從內心散發出來的感受，這種感受由我們自己決定。人，生來就是為了追求快樂的生活，別讓外在的因素肆無忌憚地影響我們的感受。尤其是——別為了「節日」這種無聊的理由。

09

婚姻就是要擁有一個合適的對象

美好婚姻的藝術在於——
不要期望丈夫是帶著光環的神，
不要指望妻子是飛翔的天使；
不必要求對方十全十美，
只要培養韌性、耐性、理解和幽默感。

曾經在一個黃昏時段的廣播節目裡，聽到一則頗有趣味的人物專訪。受訪者是一位單身的旅美醫學博士兼作家。

主持人好奇地問道：「您遲遲不婚的原因為何？」

「還沒遇到合適的對象。」

「合適的對象？」主持人續問：「您理想中的對象需不需要擅長理家？或是個廚藝高手？在外形、性情上，您有什麼特別的偏好嗎？」

受訪者答道：「洗衣、打掃，雇個女傭就行了；要吃山珍海味，上餐廳就可以滿足。外表，也不是挺重要。年華總會逐漸老去。現代社會很開放，也不需要透過婚姻關係，才能擁有性生活。」

主持人又問：「那麼，所謂『合適的對象』，您的的定義是什麼？」

「『合適的對象』並不代表完美的人。畢竟，每個人都有缺點嘛！對我而言，所謂『合適的人』，指的是彼此個性相投，在生活上既可以各自保持獨立，又可以相互分享。」

的確，對現代人來說，婚姻再也不單是為了生活上種種「方便」的功能，或是為了所謂的傳宗接代而建立。

那麼，在風氣漸開，結婚再不是人生的「必然」條件下，人為什麼還要結婚？心裡深處催促自己找個伴的動力又是什麼？

如果靜心細想，便不難發現，那是因為每個人都擁有想要分享、想要付出的動力，也就是愛。

但是，某些人卻常曲解「愛」的真義。許多時候，男人和女人都誤以為他們可以在婚姻中和伴侶合為一體，或是藉由婚姻，把對方逐漸塑造成自己理想中的樣子。這是不可能的事，連試都不應該試。

兩個人是不可能變成一個人的。每個人皆來自不同的成長背景，有著相異的質性，以及種種優缺點。就如同「11」這個數字一樣，它是由兩個各自獨立的數字所組成。如果兩個人認為他們就和「11」一樣，必能在欣賞、尊重彼此的差異與獨特，接納彼此之缺點的同時，一起分享共同生活的樂趣。

10

沒人疼，自己疼

人生說長不長，說短不短，
人生比上不足，比下有餘。
因此，不管你遭遇什麼挫折或窘困，
只要你不放棄，你就可以將它贏回來。

報紙上有一則非常感人的短文，說的是——

一個年老的歐巴桑一生命運多舛，年紀大了，又百病纏身。年輕喪偶的她獨力將小孩扶養長大，惟一在臺灣的女兒卻在自己年老多病時，因病撒手人寰。白髮人送黑髮人的悲哀，恐怕任何人都承受不了。

看著她飽受生命折磨的身軀，專欄作者關心地問她：「還好吧？」她卻堅強但讓人辛酸地回答：「上天不疼、沒人疼，自己疼。」

相較於這類不幸的人，我們的人生是何其幸運啊！有時一些小小的不順和不如意，比起他們一生的命運來，又算得了什麼？

還有一則小故事——

有個計程車司機，某天中午休息時間，到一家自助餐店吃飯。那是二十元選兩道菜配兩碗飯的午餐。他選了兩道菜，吃了起來。

沒多久，有個20來歲的年輕人也進了這家店。他跟老闆說，他已經失業一陣子了，身上只有幾塊錢，可不可以只要一道菜和一碗飯。

這位司機在旁邊聽了，心想：我的收入雖然不是多高，幫這位年輕人付那二十元，算不了什麼。但又怕傷了那年輕人的自尊心，因而猶豫之間……

這家店的老闆開口了：「沒關係，我一樣給你兩菜、兩碗飯，你只要給我五塊錢就行了。」

上面介紹的兩則故事，重點不在於這個世界上還是有很多溫暖、很多好人，而是相較於許多境遇更不順利的人，我們其實還算是很幸運的。真的，在逆境中，「還有能力賺錢，其實就是一種幸福。」

也許在未來你還會遇到其它不同的人生逆境，但越是在逆境中，越要讓自己快樂，讓自己相信逆境終將過去。

更重要的是，越是在逆境中，越不可放棄自己——

「沒人欣賞，至少自己要先欣賞自己。」

「沒人疼，好歹懂得自己疼。」

許多人在生涯的發展上常常有「懷才不遇」的想法。然而，正如事業有成的何先生所言：一次懷才不遇、兩次懷才不遇是有可能。如果十次都「懷才不遇」，問題絕對出在自己身上。何先生的觀點是：要做自己的千里馬。

千里馬就是千里馬，無論生命中有沒有伯樂出現，牠的本質都是一匹千里馬。果真找不到生命中的「伯樂」，至少自己要懂得做自己生命中的伯樂，不要一天到晚淹沒在「懷才不遇」、「生不逢時」的抱怨中。

在逆境中，人們往往會因外在的狀況，傷害到內在的自我形象，或是否定自己的價值。這都是讓自己不快樂，甚至影響到未來發展的負面因素。因此，當我們在生活、工作，或是其它各種領域中遇到逆境時，應當先確認「自我價值」，不要以結果論英雄，然後徹底否定自我。如果我們內在的價值因為外在的表現而被徹底摧毀，讓自我的「鬥志」喪失，就可能做出一連串的自我否定，從此變得一蹶不振。

最近有個才從失敗的婚姻中走出來的人談到她的自身經驗。她在工作、家庭和各個領域原本都表現得非常傑出，對自己也充滿自信，並且對未來做了完整的規劃，準備在45歲和另一半都退休之後，進行環遊世界之旅。因為目標相當明確，她工作認真，對未來充滿期盼。

然而，她偶然間發現，結婚多年的丈夫其實早在多年前就已經有了外遇，甚至對方還為丈夫生下了小孩。她的心頓時瀕臨崩潰，開始懷疑人與人之間的「愛」，甚至否定自我。於是，工作變得心不在焉，過去強烈的自信心徹底失去，整個生活就像一場夢魘一般。

在現在的多元社會中，這樣的事可說層出不窮，往周遭一瞧，觸目皆是。這位女士心中的創傷，恐怕很多人都會感同身受吧！

但最終她走出來了。她說：「真是連做夢都沒有想到會有這樣的事發生！但這段時間，我想通了。發生這種事已經夠慘了，我又何苦折磨自己和關心我的人。回想這麼多年來，我真的沒有做錯什麼，根本沒有必要自責。被人背叛已經夠慘了，總要自己對自己好些吧！路還是要走下去。只是，我的生涯規劃必須重做調整！」

這種事，除了自己想通，別人能夠幫上的忙真的很有限。

身處逆境，所承受的壓力和挫折必然很多。最重要的是，不要持續地否定自我。相反，應該「肯定自我」和「激勵自我」。多疼疼自己，做自己生命中的伯樂，才有餘力迎向未來，創造快樂的生活。

第三章

了解自己之後，才能當自己的主人

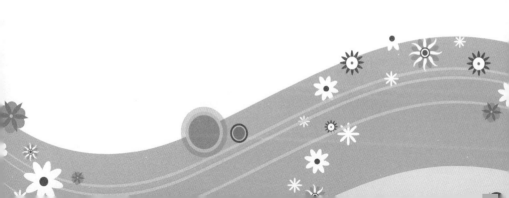

01

smile

美與醜的人生進行曲

莎士比亞說：
沒有德性的美貌，
是轉瞬即逝的；
可是只要你在美貌中，
加上一顆美好的靈魂，
你的美就會變成永恆的存在。

現代人大多認為美是幸福，醜是禍根。然而，史書所載，斑斑可考，男性因爭奪美女而發生戰爭，致使文明衰退，大膽的男人因不尊重一個高貴女子的美色，致使自己的頭顱從斷頭臺上滾下的事實比比皆是。女人的美麗，雖然一向是文學家、藝術家及戲劇家的主要題材，然而，月桂女神達芙妮的美麗，據希臘神話所述，便是她遭難的禍根。

美或醜影響我們的生活，面大且廣。一個年輕女子如果生得不美，無論如何裝扮，都不能遮掩她的醜陋，她就很難找到一個較好的位子。反之，有許多人只因長得漂亮，讓人賞心悅目，便可毫不費力地得到好位子。然而，對於她們的雇主，卻可能帶來重大的損失，如果她們渾身的本事只在她們的美貌上的話。

美和醜本沒有一定的標準。不但現在如此，將來也不大可能改變。美和醜會隨著氣候和年齡的變化而變化。在今年很流行的美，在十年二十年之後就可能又呆又落伍了；在土耳其可以使男人銷魂落魄的美女，一到了紐約，就只好縮在跳舞會的牆腳邊，沒有人請她伴舞了。

一個人在孩提的時候生得很醜，備受奚落；長大成人之後，也許會變得很美麗。如果他不曾忘記孩提時代因為長得醜而受到的侮辱，他就可能利用成人後的美，去進行報復，使異性受到傷害。

與此相反，一個人小時候生得很美麗，因而討人歡喜，受人寵愛；到長大成人之後，也許會覺得極其平常，不為人所注目。於是他或她就可能自覺不幸。倘是女人，便會格外感到痛苦。她可能覺得她已為人們所輕視；她的朋友，甚至他的父母，都已經把她拋棄了。

美醜之間，美往往會比醜更帶來不幸。其實，外形的美醜並不能決定一個人的品性和人格。美麗的體貌中蘊著美麗的品性，這樣的人才是真美；體貌既醜，品性又低，這就是真醜。上帝造人，並沒有「容貌美的男女，品性一定美，容貌醜的男女，品性也一定醜」的定律。

假定一個美麗的女孩子從小便為她愛好虛榮的母親所溺愛，到了社會上，又受到大家的讚美，她長大成人，便可能認定美是她惟一寶貴的資產，遂以之奴化異性。這樣，她的生活便已種下悲慘的禍根。她成為一個賣弄風情的女郎。在學校，每當測驗的時候，她只靠取媚於教師拿分數。她因美麗，得慣了他人的禮物，便不明白生活中真實的報酬。為達到更大的欲望，她會研究引誘異性和性欲方面的種種藝術，取得很大的成功。但美麗不能持久，很容易衰退。終有一天，她要和生活正面接觸，而且必然失敗。於是，她的精神宣告崩潰。

對於貌醜的兒童，那些愚昧而殘酷的父母，以及一些輕率的親戚鄰人，也可能犯下同一種錯誤心理的罪惡。一個孩子出世，上帝沒有賦予他體貌美麗的福分，自己的父母若是因而輕賤他，再看見別的小孩只因容貌姣好，就得到人家的愛護和獎賞，他必然會感受到自己所處的地位真是無比可憐和不幸，彷彿每個人都在奚落他、譏笑他。他在人們輕賤的戲謔中長大起來，便極可能恨恨地說：「好吧！你們不是討厭我嗎……我就做一個討厭的人，並且要做一個使你們怕得要死的討厭的人！」

義大利的犯罪學專家龍波洛蘇如是說：「一切罪犯生來就有某種犯罪的標誌。」那麼，貌醜是不是生就的犯罪標誌呢？因為你所生長的社會是愛美的，以你的醜，想要在這個愛美的社會找到較好的位子是沒有機會的，那些愚昧的人只看見人的面貌，而不注意你的品性和行為。

當然，貌醜的人並不必然就會變成犯罪者。面貌的美醜不能強制你的品性變壞。不論美或醜，你要做一個怎樣的人，好人或壞人，全在你自己。

總而言之，你若是個面貌美麗的人，要記住，美麗在某個時期雖會給你幸福，但決不能持久。到了生活發生危機的時候，美麗可救不了你。你若想要獲得永久而真正的幸福，就應當利用你的美麗，和別人合作，從事一種正當的事業。和一個美麗的人一起工作，會增加工作效率。這便是你生活中的使命——利用你的美麗去感動人，做有益而高尚的事業。

倘若你貌醜，也有種種利益：第一，你不致浪費時間，去尋找愚昧者的稱讚。我們的確需要得到尊重。美麗的人雖很容易得人尊重，但也很容易失掉。你則有得到被人永久尊重的可能，只要你發展了對於社會有用的專業能力。拋救生圈到水裡去救人，被救者絕不在意救他的人是美或醜，他只知道救他的人是應該感激的。你就去做那拋救生圈的人吧！

02

smile

客觀有效地進行自我評價

自我評價即是自我意識的一種形式，
指一個人對自己身心狀況、能力與特點，
以及自己所處的社會地位，
與他人及社會關係的認知和評價。

自我評價，實際上就是給自己下定義，從自己個人的角度去註釋自己的「成」與「敗」。給自己下定義當然是很主觀的，因為每個人的心態差別都很大——

有些好出風頭的吹牛家，為了惹人注目，常喜歡慷慨激昂地吹大話。他們那種故意抬高聲調的自我吹噓，不過是為了逃避自我評價不如己意的心理狀態。他們聲嘶力竭地進行演講的聲調，是在要求：「請看看我！求求你，別忘記我在這裡！」

有些表象常會令人羨慕。如：擁有別人得不到的貴重物品，穿上高級的西裝革履……這些外表的光鮮，當然會使當事者自我感覺良好，甚至洋洋得意。它向人們顯示了這些人的高貴身分和富裕程度。然而，若說享有這些東西，就表明他們是富有的人，不如說他們將時時受到審視。人們會問：「這種炫耀，是否正說明他們內心缺乏自信？」

人類能思考、能創造財富、能改變周遭的環境，而且懂得愛。你是作為其中的一員，不斷地發揮自己，根本沒有必要輕視你自己的存在。

自信是在成功之經驗的積累上建立起來的。當一件新的事業開始的時候，誰也不敢說有自信。這是因為還沒有成功的經驗。你學騎自行車，練習溜冰、滑雪，開始的那一刻，無論如何，絕不會認為自己一下子就能學會。一次成功，會引發出下一次的成功。敗者常想起過去的失敗並為之困擾，不能自拔，反而對成功的經驗十分健忘，動輒喪失信心。

勝者通常很明白，以往的幾次失敗並不是大問題。關鍵只在於有過什麼成功的體驗——把成功那一刻高度振奮的情緒、充實健康的心理性刻於胸，並在這美好的記憶上構築更堅實的新成功。

必須恰當地評價自己，著眼於自己已有的，而且把失敗和挫折視為邁向新目標的動力。

想要更高地估價自己，需要的不是感動，而是理性地採取決斷和行動。感動只是無意識的反映。如果總是靠感動去處理日常發生的事和自己面臨的問題，理性的判斷力和思考力就可能退化。

成功在握者所表現的感情——愛、興奮、喜悅和同情，完全像孩子式的純真。但是，在人生重大抉擇的關頭，他們會用理性和知識判斷。

03

smile

學會控制自己的情緒

人是一種情緒的動物。
情緒對人而言，就是一種能量。
好的情緒是人生的正能量，
壞的情緒則是我們的負能量。
因此，學會控制情緒，就等於學會了生活。

法國哲學家蒙田說，確切的人生是：保持一種適宜狀態的與世界無爭的生活。那麼，我們要如何過著這份淡然的人生呢？

首先——你要學會控制自己的情緒。

潮漲潮落、冬去春來、暑來寒往、日出日落、月圓月缺、禽來鳥去、花開花謝、春播秋收，自然界一切物體或現象都體現了一種情緒的循環。人是自然界的一部分，所以，人的情緒像潮汐一樣，會升高，也會低落。

你要時刻學習這樣一個祕訣：讓情緒控制其行動的人，是弱者；而能以他的行動控制情緒的人，是強者。每天醒來，要遵照你所定的計畫去實施。否則，你就可能被悲傷、自憐和失敗所俘虜。

如果你覺得沮喪，就唱歌。

如果你覺得悲傷，就大笑。

如果你覺得恐懼，就衝向前去。

如果你覺得不如人，就換件新衣裳。

如果你覺得無法勝任，就想想你過去的成就。

如果你覺得無足輕重，就想想你遠大的目標。

其次——不要輕易發怒。

在日常生活中，我們常會看到這樣一些事情：有的人為相互間無意的碰撞，鬧得臉紅脖子粗；有的人為一些雞毛蒜皮的小事，在那裡大動肝火，怒氣沖沖；有的人為一些無關緊要的糾紛，互不相讓，爭吵怒罵，沒完沒了。這都是一些缺乏修養、自制力差的人表現出的一種憤怒情緒。

其實，憤怒不是人類的天性，而是人們對客觀事物不滿產生的一種情緒反應，表現形式有勃然大怒、打人、摔東西，或怒目而視。它不單會帶來煩惱與焦躁，而且會使你處在一種惰性的停滯狀況中。

憤怒會變成一種習慣。它是你經歷挫折之後的一種後天性反應。緊接著，憤怒達到極點時就成為瘋狂。瘋狂者，就是不能控制自己的行為。當一個人大發怒火時，他往往只考慮使他發火的那件事，認識範圍為發怒的對象所局限，不能正確地評價自己的行動有何意義，會引發何種後果，難以全面考慮問題和慎重權衡利弊得失，容易輕率從事。

兵法上的「激將法」，就是想方法激怒敵人，從而使對方犯下大錯。一個人只要被激怒，當其怒火熊熊燃燒起來的時候，冷靜和理智就很可能喪失，全面考慮問題就成為不可能。

04

smile

「自我意象」的積極面

「自我意象」的簡單定義，
就是——「別人到底怎麼看我？」
它是一個人的內在圖像，
通常我們很難改變它。
因此，我們在自我意象中，
一定要擁有積極的正能量！

無數事實已經證明，不經失敗，我們就什麼也學不到。然而，現實生活中，人們往往只讚賞成功，而批評失敗。我們已經學會將成功視為惟一可以接受的衡量標準，總是避免進行可能失敗的活動。懼怕未知的一個主要原因就是害怕失敗。人們往往不做沒有成功之把握的事。這樣，害怕失敗意味著既懼怕未知，也懼怕由於沒有「盡力做好」，引起別人對你產生不利的看法。心理學家告訴我們，每一個人對自己的外貌都會有一個心理的印象，而這個印象常與事實不符。

有一次，心理學大師佛洛依德在旅館的休息室裡，被鏡中的自己嚇了一大跳。他盯著鏡中人喃喃道：「這又老又醜的傢伙是誰？」這位心理學之父與現實脫了節，他還把自己一廂情願地想成一個年輕小伙子。

馬爾茲博士發現，很多畸形的病人經過整形後，還無法接受他們已經改進了很多的外形。即使看了照片，證明原來的缺陷已經有所改善，他們還是不肯相信。這個經驗使得馬爾茲博士體會到自我意象的重要性，而讓他發展出自己的心理學理論。

在日常行動的表現中，外在形象扮演了很重要的角色。不管你喜不喜歡，人們對於外表吸引人的人總會付出更積極的反應。

這個說法對那些缺少優雅之外表和身材的人來說，似乎有欠公平。但問題並不在此。很少人一生下來就跟羅伯・泰勒（電影《魂斷藍橋》的男主角）一樣英俊。重點在於你看起來是否和你所想像的一樣。

你心理上的自我形象對於你日常的舉止非常重要。你早上出門的時候，如果對自己的外貌，感覺並不是很好，這一天就不可能完成很多事，因為你對工作也不會持有一種積極的心態。我們不能完全控制我們的外在。但是，這沒有關係，因為我們可以控制我們的心態。

心理學家告訴我們，大多數人從不會花一點時間和精力，坐下來想一想他們是誰，生命中要的是什麼。誠然，這世界上有許多人因輕率地選擇職業，進而痛恨自己的職業。有些人在選擇電視節目上所花的時間比選擇自己的職業所花的還要多，有些人則為了取悅某些人而選擇職業。許多人到了中年才承認，他們是為了滿足父母而進大學，並選擇了自己不感興趣的科系。

世界上最困難的事是什麼？是認識你自己；尤其在你與別人不同時。假如你有勇氣扮演你自己，扮演好你的角色，你一定可以出類拔萃。

這是生命中最偉大的發現：找尋你自己。一旦你找到了自我，以前很難做的決定都會變得容易。因為你已跟自己取得了協調，能做你想做的事了。

南丁格爾說：「我們第一段旅程，就是要自己找一席之地——不是在一個腐蝕心智的地方工作，也不是因為別人都那麼做，或是這件工作能賺得生活所需。這個世界一定有一個地方適合我們每一個人，就像拼圖遊戲的玩具一樣，我們就是其中一塊。在這一塊地方，我們會感到很恰當、很舒服，就像穿上一件我們以前穿過多年的舊夾克一樣。」

我們選擇什麼，就會成為什麼樣的人。只要我們找到了我們適當的地方，我們就能克服一切困難，達成我們的目標。但這一切都需要勇氣。

許多人在某一行幹了一段時間之後，即使選擇是錯誤的，也不敢去改變它。這些人就是作家梭羅所說的：「把生命導向平靜的絕望之一群。」

一個人的決定，也許會跟另一個人相同，但每一個人一定要忠於自己的特性。要改變方向，的確需要膽量。但你若不找到一個真正適合你的工作，你是不可能快樂的。

試想：你會不會到一家服飾店，看到門裡的第一個衣架，挑了一件夾克，連試都不試就買下來呢？當然不會。但有些人對他們一生的工作卻做了差不多的事。他做這件工作，只因為當時他需要，這件工作又剛好可以到手，他就接受了。很多人子承父業，或是選擇了別人眼中所謂「比較好」的職業，以取悅某些人。結果呢？我們四周到處可見不喜歡自身之工作的人。

你的工作不適合你，就像你買了件不合身的夾克一樣。當然，你可以不扣它，這樣覺得舒服點；或拉一拉袖子，把袖子弄長一點；或是駝一點背，讓前襟看起來長一點。但不管你怎麼做，都不會使這件夾克變得合身、舒適。你惟一的辦法是到服飾店裡，多試穿幾件，挑出最合身的。

我們的環境、性別、教育程度或許都是我們失敗的原因之一，但事實上，只要願意，我們大可以克服這些困難。

那麼要如何才能擊敗恐懼心理？這麼堅定的毅力和自信是不是每一個人都具備呢？我們常會懷疑：「我們如何確信，一切都能處理得很好？」

試試這勇往直前，解除恐懼的方法。別擔心每一場生命測驗你會得到什麼成績，只需以無比的勇氣和耐力加入搏鬥的行列，盡你自己的力量去做，你將能得到意想不到的掌聲。

05

smile

學會如何自我改善

1．對自己感興趣。

2．你要巧妙證明自己。

3．錯了，要勇於承認。

4．原諒別人之後，就要遺忘。

1．對自己感興趣

我們每人心底的真正需要是更豐富的人生。幸福、成功和心理的安逸，以及其它各種至高無上的目標，在本質上都是從豐富的生活中體驗出來的。我們舒服地體驗到幸福、成功和自信的情緒，便是在享受豐富的人生。

我們每個人都具有「生命的本能」，它使人朝著健康、幸福及創造個人更豐富之人生的道路上邁進。在這條道路上向前邁進的時候，要懂得自我改善，並學會它。

每天起床時，只要給自己無比的信心和力量，不管你是何種職業、何種角色，人生必將走得更順利。人生一定有夢。只要「相信」並堅持去做，你一定可以圓自己的人生大夢。成功的標準並非人人相同，我們應該與生活周圍的人共勉。不要老是看不見成功的希望，就泄氣了。

在美國，有一位大器晚成者，他就是聞名全世界麥當勞的創辦人雷・克羅克。他原是美國芝加哥一家製造麥乳精機器及紙杯的小公司經理。一九五四年，他53歲，開始了事業上的飛躍、走向輝煌的開端。

年齡只會成為那些無所作為者的藉口。事實上，克羅克也可以堂皇地把這些作為藉口：他已經53歲了，也已經小有成就，有了足夠餘生花費的積蓄……但是，他沒有這樣做。克羅克告訴人們，只要以數百倍的熱情投入你所欲達到的目標，你就會成功。

對於每一個成功者來說，都有一個過程。我們應當把自己的興趣投入這個過程。也許這過程頗為漫長，但它是你人生真正的基石。

2．你要巧妙地證明自己

當羅斯福在白宮的日子，他承認，如果他能有75％的時候是對的，就已達到他最高程度的希望。

羅斯福可說是二十世紀一位對世界歷史進程最有影響的人，75％是他希望得到的最高分數，你我又該如何？

如果你能確定你55％的時候是對的，你是否可以告訴別人，他們錯了？

你可以用神色、聲調，或手勢，告訴一個人他錯了，正如用話語一樣有效。如果你直接告訴他，他錯了，他會樂於同意你嗎？不！因為你直接打擊了他的智力、判斷，他的自豪、自尊。那樣做，只能使他施行反擊，永不能使他改變自己的心意。你可以用柏拉圖或康德的邏輯抨擊他，但你不能改變他的意見，因為你已傷了他的感情。

你若說：「我要對你證明如此、如此……」那是不好的。那就等於說：「我比你聰明，我要告訴你這樣那樣，使你改變心意。」

這樣的說法是一種挑戰，只能引發反對的情緒，甚至使聽的人在你剛剛開始說話時，就與你爭論起來。即使施以最溫柔的話語，尚且難以改變人的心意，為什麼要使之更難？為什麼阻礙你自己？

如果你要證明什麼事，不要使任何人知道；要巧妙地做，使人不覺得。用行動表明你的態度，證明你的看法，這比張口說出有效得多。

3・錯了，要勇於承認

當我們犯了錯，當然應該對自己承認。如果受到溫柔的啟示，我們或許會對別人承認，甚至以我們的爽直豁達而自豪。

美國南北戰爭時代最著名的編輯格呂萊對林肯的政策激烈地不同意。他相信他可用辯論、譏笑、漫罵的辦法促使林肯改弦更張。他持續這種苛評的辦法，月復一月，年復一年。事實上，在林肯被刺的那晚，他還寫了一篇粗暴、刻薄的諷刺文章攻擊這位現任總統。

但是，所有這些苛評真的使林肯同意了格呂萊的觀點嗎？絲毫沒有。譏笑、漫罵永遠不能做到這一點。

如果你要得到關於管理你自己並改進你的人格的良好建議，可讀一讀富蘭克林的自傳。這是一本極有趣的傳記，今日已成為文學名著。

在這部自傳中，富蘭克林講述了他如何克服好辯的惡習，使他自己成為美國歷史中最能幹和善於外交的人。

當富蘭克林還是一個常犯過失的青年時，有一天，一位老教友將他拉至一旁，用幾句針刺般的實話痛擊他。那幾句話大概是這樣的：

「看來，你簡直是無可救藥了！你的意見對那些與你意見相左的人，總帶著一種打擊。你的意見已經沒有人注意了。你的朋友覺得當你不在周圍時，更為快樂。你知道得太多，因此沒有人能告訴你什麼事了。真的，沒有人想要嘗試，因為所費的力量，只引起不舒適與苦惱。所以，你不容易知道比你現在所知道的更多了，而你現在所知道的是極其有限的。」

「我訂了一個規則，」富蘭克林說：「禁止自己所有對別人情感的反抗，及所有我自認為絕對確定的話。我甚至禁止自己使用語言中含有固定意思的字句，如『確定的』、『無疑的』等等，代之以『我設想』、『我揣度』或『我想像』一件事是如此如此；或：『目前在我看來，好像如此。』

當別人肯定地說了些我認為是錯誤的話，我放棄魯莽的反對及立即指出其意見的不近情理之樂趣。在回答中，我會說：在某種情形下，他的意見是不錯，但在現在的情形下，我以為，或許有不同的地方……等等。我不久就看到我這種改變所帶來的利益，我的談話進行得更愉快；我的謙遜，使對方可以更迅速地接受，更少反對。當對方看出我的錯誤時，我很少懊惱。我更容易使別人放棄他們的錯誤而同意於我，在我剛巧沒有錯誤的時候。」

4．原諒別人之後，就要遺忘

過去情感的傷痕，會在你心中留下深深的烙印。一旦情感的疤痕已經造成，只有一條路可走，就是動手術消除它，與除去肉體上的疤痕一樣。消除舊日情感之疤痕的手術，你可以自己動手。你必須是自己的整形醫師，對自己做精神的美容手術。結果將會帶來新生活與新活力、心的寧靜與幸福。

不完全的原諒或不是全心的原諒，效果不可能比不完整的面部整形手術好；基於責任而勉強為之的原諒，也不會比面部美容有效。

你應該忘掉你的原諒，也應該忘掉你所原諒的錯事。不曾遺忘的原諒，銘記在心的原諒，會使你即將痊癒的傷口再度受到感染。如果你對你的原諒過分引以為榮，或太放在心上，你很容易覺得被你原諒的人還欠你某些東西——尤其是你原諒他的若是一項債務。

原諒有許多錯誤的形式。原諒的治療效果一直未曾受到承認，是因為許多人所做的原諒不是「真正」的原諒。例如：許多作家告訴我們，應該原諒他人以使自己「美好」，卻很少人勸我們原諒他人以使自己快樂。

我們之所以難以原諒，因為我們對於責難還依依不捨，常常荒謬而病態地喜歡培育傷口。

有醫療作用的原諒，使我們一筆勾銷別人欠下的債，但這並不表示我們有意表現慷慨、要幫他忙，或為了證明自己是個道德優越的人。我們勾銷債務，注明「無效」的字樣，並不因為我們已經得到債務人「付出」的代價，而是因為我們認清了債務本身已經無效。直到我們能夠看清並在心理上認為根本就沒有什麼要讓我們原諒的錯事，我們才能做到真正的原諒。

成功者總是對人懷有興趣與關懷，他們體諒別人的困難，尊重別人的需求。他們維護人性的尊嚴，和別人相處時把別人也當人看待，而不把他們當成打獵的犧牲品。他們承認每個人都有值得尊重與敬仰的獨特個性。

在生活中，你也做個善解人意的謙謙君子吧！

06

smile

做一個美好的發現者

你希望自己在他人眼中是個怎樣的人，
你就會在有意識與無意識之中，
朝向這個目標前進。
生命到頭來，還是那句老話——
「種什麼因，得什麼果。」

每一個人都需要預先設定好要給別人什麼樣的感覺，希望給別人什麼樣的印象，照著這個感覺和印象改變自己的行為。

比如，你希望別人稱讚你是一個非常誠懇、非常努力學習、非常有愛心、非常懂得付出的人……你把理想寫下來以後，便要做一些計畫，然後朝這個方向前進。當你所做的和你所想的一致了，別人會這樣評價你：「某某人是怎樣的人，他非常優秀……」

你之所以會成功，是因為別人喜歡你；別人之所以喜歡你，因為你擁有一些令他們欣賞的特質——這些特質是你可以預先設定，然後朝這個方向前進而產生的一個結果。

假如你能夠滿足別人的需求，不同的需求，更多的需求，你所有的願望都一定會實現的。世界銷售大師金克拉說：「假如你能幫別人夢想成真，你自己一定可以心想事成。」

國外有人分析一百位白手起家的百萬富翁，他們的年齡從21歲到70歲，教育程度從小學到博士。他們之中有70％是來自人口少於1.5萬人的小鎮。

重要的是：他們有一個共同的特徵，那就是——他們都是「美好的發現者」，能見到其他人美好的一面。無論在什麼情況下都如此。

你或許聽過以下這個小男孩的故事：

他出於一時的氣憤，竟對他的母親說，他恨她。然後，也許是害怕懲罰，他就跑出房屋，走到山邊，並對山谷喊道：「我恨你，我恨你，我恨你。」接著由山谷傳來回聲：「我恨你，我恨你，我恨你。」這個小孩有點吃驚。他跑回家裡，對他的母親說：「山谷有一個卑鄙的小孩說他恨我。」他母親把他帶回山邊，並要他喊：「我愛你，我愛你。」這位小孩照他母親說的做了。這次他聽到的是，有個很乖的小孩在說：「我愛你，我愛你，我愛你。」

生命就像是一種回聲。你送出什麼，就收回什麼；你播種什麼，就收獲什麼；你給予什麼，就得到什麼。

你怎樣對待人，取決於你怎樣看待他們。這是普遍的真理。一旦你找到某個人良好的一面或「能力」，你就會待他比較好，而他的行事也會相應地好了起來。所以說，成為一個「美好的發現者」，等於做一筆良好的「生意」，發掘出良好的「人性」。

07

天天有個好心情

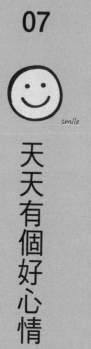

好好對自己，
一輩子沒多長。
好好對別人，
下輩子不一定相遇！

曾以為自己的天空很低、前方的道路很窄，因此，無論怎樣美麗的事物、怎樣漂亮的風景，都不能令人為之激動。原因只有一個——沒心情。

沒心情也罷，只是，因為沒心情，連勇氣也喪失了，連自信也消沈了，連生存的支柱也不見了。

人活到這個節骨眼，哪還有什麼幸福和快樂可言？做人難道真的走不出這自憐自歎的氛圍嗎？真的跨越不了那來自內心的巨大溝壑？

人應該天天有個好心情，才能創造出有意義的人生和豐富多彩的生活。用好心情去工作、去學習、去生活，才不枉來世間走一趟。

那麼，我們為什麼不能天天有個好心情呢？

如果有人問我：「你幸福嗎？」

我會說：「幸福，又不幸福。這要看你指的是什麼？」

對孩童來說，幸福是很神奇的東西。在新割的禾草堆裡躲起來，在樹林裡玩官兵捉賊，在學校裡被選中，飾演一個有幾句臺詞的角色，都會使他們雀躍萬分。當然，孩子也有垂頭喪氣的時候。不過，只要他們贏了賽跑，或是得到一輛嶄新的自行車，那種無上的愉快又會毫無保留地完全表現出來。

到了十幾歲，幸福的概念改變了，端視許多其它因素而定，諸如：夠不夠刺激、有沒有喜歡的對象、是不是受人歡迎，以及青春痘能不能在學校舞會前消失。

成年後，帶著意義深遠的歡樂，如愛情、婚姻、生兒育女等等，往往同時也帶來責任，以及可能得而復失的憂慮。愛情可能不持久；性愛並不總是美滿；心愛的人可能死去。對成年人說來，幸福可說錯綜複雜。

字典中把幸福解釋為「走運」或「幸運」。但我認為，「享受樂趣的能力」是更好的釋義。我們越能享受實際擁有的一切，便越幸福。一般人往往忽略愛人及被人所愛的樂趣，忽略友伴之歡，忽略可按照自己的心意自由擇地而居，以及身體健康所帶來的喜悅。

昨天，我把一天之中一點一滴的愉快時刻總結了一下。首先是在我弄好孩子的最後一個午餐盒，打發他們去上學，全家只留下我一人之後，所感到的單純的快樂。接著，整個上午我專心筆耕，完全沒有人打擾。等到快要清靜地過完一天，孩子放學回來，喧喧鬧鬧，我又滿心歡喜。到了晚上，家裡復歸寧靜。丈夫和我享受著一種樂趣——親密溫馨。有時候，光是知道他需要我，我就快樂無比。

你無從預知幸福下一次將在何時何處出現。我詢問朋友，什麼使他們覺得幸福？有些人提到了看似瑣碎的小事。其中一位說：「天氣熱，我討厭上街。可是，有個健談的店員常逗得我心情開朗。」

另一個朋友喜歡電話：「每當電話鈴響，我就知道有人在想我。」

我自己則喜歡開車。昨天，我把車停下來，讓路給另一輛車拐進岔路小巷。那司機朝我把大拇指一翹，咧嘴而笑。突然間，在前後左右發瘋般搶道的駕車人中間，我們兩人成了盟友。我為此高興。大家都曾經歷這樣的時刻，雖然很少有人會認為這就是幸福，並銘記於心。

心理學家說：「要活得快樂，我們既要擁有愜意的休閒時間，也要擁有合意的工作。這兩個條件，我們的曾祖母一輩的人可能都不大具備，因為她們大多養育了十幾個孩子，為家人作飯、洗衣，整理家務。但她們的確有一批密友和家人。或許這就是她們滿足的源泉。如果說她們滿足於自己擁有的一切，不如說她們從沒有想過要過一種截然不同的生活。

另一方面，我們由於選擇多了，又受到巨大的壓力，要在各方面都力求表現突出，所以把幸福看成一種「非擁有不可」的東西。我們對自己享有幸福的「權利」如此執著，結果反而苦惱不堪。就這樣，我們追逐幸福，並把幸福等同於財富和成就，而沒有想到擁有財富和獲得成功的人未必更幸福。

雖然幸福對於我們這一代來說，內涵可能較為複雜，問題的本質仍然和以往任何時候一樣，沒有改變。幸福並不涉及發生在我們身上的事。這是一種善於在每一負面事物中找出正面意義、把挫折視為挑戰的本領。幸福並不意味著企求我們所沒有的種種，而是盡享眼前擁有的一切。

愛默生有一句值得銘記在心的話：「每一天都是一年中最好的日子。」這句話對我們尋找、追求和體味幸福很有用處。幸福不僅在我們身邊，還貫穿了每一天。事實上，我們似乎沒有這樣全面感受過，甚至連一丁點幸福的概念都不曾閃現過。這樣的人，實在應該對幸福、對快樂重新思考一番。

過去一年三百六十五天裡，你有幾天是的確過得心滿意足的？假若你像大多數人一樣，至少過了幾天這樣的好日子——足以使你念念難忘，那麼，若能有更多這樣的日子，你必然會產生幸福之感。

08

smile

相信自己，樂在其中

學會放鬆自己，釋放自己，
在心中描繪「自我意象」藍圖，
人生只要有個明確的指標，
就像航海家有了羅盤。

有這樣一個故事：有位先生生性非常嘮叨。有一天，他要去出差，一大早出門時，發現廁所中的抽水馬桶壞了。於是，他叮囑太太叫人來修。到辦公室上了半天班，中午要趕至機場時，他又撥了個電話回家：「老婆，你叫工人了沒有？馬桶今天一定要修——」他太太還是那句話：「知道了。」

等他到了出差的地方，忍不住又打了電話回家：「工人來了沒有？我看你拖拖拉拉的不可靠，電話要多催一下啦！」她太太還是說：「好啦！」待晚上回家了，進門的第一句話仍然是：「馬桶修好了沒有？」

馬桶有沒有修好不是重點，重點在於這個先生始終不忘馬桶，把馬桶抱來又抱去，從家裡抱到公司，從公司抱到出差地，出差後又抱回家。他就是學不會「放下」。如果想要自在，一定得先學會放下。惟有懂得放下，你才能得到那種釋放後的快樂和解脫。

在日常生活中，你是否能以心甘情願的心情去面對紛擾的周遭？如果心不甘、情不願，我不知道你的快樂自在能從何處而來？

人生，就要像老阿伯一樣，活得那麼自在才好。只要心靈上不受束縛，快樂自然源源不斷。不管你擔憂什麼，散散步都是個好點子！隨著你的步伐，所有的煩惱都會隨風而逝。學會釋放並自我解脫吧！

世界就是自我的投影——恨自己的時候，也會恨每一個人；愛自己，全世界都會變得可愛起來。

「自我意象」就像一幅藍圖，會決定我們的行為模式，跟什麼樣的人為伍，或逃避什麼；我們每一個思想和行動都源於我們對自己的看法。

我們為自己描繪的面貌，與經驗、成功、失敗的自我觀感和旁人的反應等相關。我們會把這副面貌當作百分之百真實，努力在它的輪廓內生活。

因此，自我意象將決定我們多麼喜歡這個世界，多麼喜歡生活在這個世界當中。我們的一生能有多大成就？一個人相信自己是什麼，就會是什麼。

如果你自認為碰到數學就束手無策，那麼你一輩子都會對數學莫可奈何。或許受到這類不愉快的經驗所刺激，你養成一種態度：「無論如何，我就是做不了數學！」你始終不肯嘗試，漸漸地，數學程度就越來越落後。偶爾做對一題，你會說：「那是瞎貓碰到死老鼠！」萬一錯了，你就說：「看吧！我早知道我不行。」你越是跟你身邊的人宣揚你可憐的數學程度，就越相信這回事，這種自我意象也就更根深柢固。

追求大幅改進自我的第一步，就是改變對自己的看法以及談論自己的態度。學習慢的人若改變對自身能力的看法，學習速度就會立刻加快。如果你自認為身體協調絕佳，學習新運動就輕而易舉；反之，一直相信自己笨手笨腳，擔心自己連球都握不牢，結果就可能跟你預期的完全一樣。

自我意象像是溫度控制器，我們的表現就在它限定的範圍之內起落。好比某些人只期望自己能有一半時間感到快樂。當情況顯得太順利時，他就會想：「且慢！不應該這麼好才對，一定會出問題！」當問題終於出現，他才鬆了一口氣，說：「我早就知道，不會有這種好事！」

這些人不知道，世界上有些人從來沒有快樂過，另有些人卻幾乎任何時候都活得很快樂。生活品質完全由自己根據自我意象的快樂度而創造。換句話說：自我意象由我們自己決定。我們決定了自己的價值，就可以預期會擁有多少快樂。接受你自己；你必須具備健全的自尊，信任自己；你必須不以自我為恥，能隨心所地欲表達創造性的自我，千萬不要將之深藏、壓抑；你必須擁有與現實相吻合的自我，以求在實際世界有效地發揮功能；你必須認識自己——包括你的力量與你的弱點，並且加以承認；你的自我意象必須合理地接近「你本人」，不多也不少。

當自我意象完整無缺，你會覺得「適意」；受到威脅，你會覺得焦慮；

適當而可引以自豪，你會覺得自信，且放手去成為你自己、表達你自己；當自我意象成為受辱的對象，你會去隱藏它，不讓它表現出來，創造性的表達亦會因此受阻，使你心懷敵意，難以與人相處。

臉上的疤痕若增進一個人的自我意象，自信與自尊便會隨之而增；臉上的疤痕若減損一個人的自我意象，自信與自尊便會隨之喪失。

自我意象決定了我們欲望的範疇。樂觀的自我形象讓我們能充分接納別人的讚美，享受辛苦掙來的成功。只有你才能決定自己的自我意象。

另外，就是不必客氣，儘管肯定自己。

只要我們真正欣賞自己，就不需要昭告全世界，自己多麼優秀。只有對自己缺乏信心的人，才需要不斷向別人宣傳自己有多麼了不起。

我們要認清：接受別人的讚美並沒有錯。未做到十全十美的人，照樣可以優雅地用一句「謝謝你」答覆別人的讚美。工作做得好，得到稱讚，本來就是一件再正常不過的事。

讚美是一件禮物，讚美別人必須經過思考和努力。如果受讚美者把它當面丟回，送出讚美的人一定會很失望。因此，我們應該有風度地接受讚美。

09

放慢腳步，享受生活

抱著過去不放的人，
看不到眼前的風景。
懂得生活的人，會去品味生活，
他不是人間的過客，他是人間的主人。

程勇以前曾經是優秀的桌球隊員，在校隊裡叱吒風雲。他的兒子也喜愛桌球。每次看完兒子的比賽，他都對兒子的出色表現視而不見，而是拼命挑剔兒子的每一個小小失誤，並且摸著凸出的肚子說，他當年在球場上是如何「神勇」，當時的那場球如果沒有他，將會怎樣怎樣地……

可笑嗎？這種情形在生活中屢見不鮮。如果你沈浸於自己的過去，就無法重新給自己一個確切的定位。死死抱住過去，只能說明你對今天的自己沒有信心。其實，你永遠都有機會發掘出一個新的自己。

總之，「過去」可能是財富，也可能是包袱，就看你怎麼對待它。從逝去的日子裡做一番選擇，把壞的忘卻，讓好的復活——過去本來就充滿了永遠無法回復的深情與憂傷。當一個人珍存了所有的憂傷，微笑著回望來路，會真實地感到自己身上前所未有的豐富和強大。

我想，這應該就叫作「成長」，在「成長」的過程中，我們總會留存一些，丟棄一些。在這留存與丟棄中，根本不包含「應該」與「不應該」。

如果天上的星辰一生只出現一次，那麼每個人一定都會抬首仰望，就像人們爭相去看日蝕、月蝕和流星雨一樣。而且，看過的人一定大談這次經驗的莊嚴和壯觀；傳媒一定提前就大做宣傳，事後許久還大讚其美。星辰果真只出現一次，你一定會早做準備，決不願錯過星光之美。不知是幸或不幸，它們每晚都閃爍耀眼，所以你好幾個月都不去抬頭望一眼天空。

事實上，生活中不是缺少美，而是缺少發現。不會欣賞每日的生活是你最大的悲哀。其實，我們不必費心四處尋找，美，隨處可見。

可惜，生活中的此時此地總是被忽略，你無意中預支了「此刻的生活」。早上還沒起床，你就開始擔心起床後的寒冷而錯失了被子裡最後幾分鐘的溫暖；吃早餐時你想著上班的路上可能會堵車；上班時，就開始設想下班後怎麼打發時間，參加聚會，繼之又為回家的路上得花多少時間而煩惱。

你總是生活在下一刻；你急著等周末來臨、暑假來臨、孩子長大、年老退休。等你果真老了，你會不會說：「我真是等不及要去死了？」

你一刻也不停地轉著，對堵車的情形罵髒話，在超市中像沒頭的蒼蠅，毫無耐性，對著電視不停地調換頻道，一個勁兒催促孩子快一點。難道這是宇宙的報復嗎？人毀了宇宙，宇宙就反過來用時間控制他。

當然，你可以殺死時間而毫無後遺症。而且你確實在「殺」時間。這曾經是無所事事的說法，但現在你是真的在摧毀時間。你的時間花在殺死靈性、殺死享受愉悅的能力上。你過於以自我為中心，自以為創立了人類有史以來一個最佳的文明。但你根本沒有時間享受。

現代人之所以不能擁有當下、此刻美好的生活，是因為他們總是擔心時間不夠，就像你總覺得錢不夠一樣。學習享受已經擁有的時間、金錢與愛是生而為人者最重要的一課。

想充分享受你的時間，就一定要學會放慢腳步。一旦你停止了疲於奔命，就會發現生命中未被發掘出來的美。若是生活在欲求永無止境的狀態，你永遠都無法體會到更高層次的生活。

放慢腳步，對一向急躁慣了的現代人來說，很難。而且，這樣的問題越來越嚴重。你說話比以前快，走路比以前快，變化也比以前快。ＭＴＶ是一個好例子——你剛想專注於一個鏡頭，畫面就移開了。

為什麼你會對這樣的刺激情景上癮？你可能覺得不刺激就不過癮。如果你不急著做什麼，就會覺得心中有壓力，好像失去了什麼。難道這就是你覺得自己還有活力的惟一方法？你是否錯把急躁形成的激素當成了活力，你是否不得不承認，只有工作才能證明你的存在？

享受生活的一個重要條件就是：你必須注意自己的所作所為，然後放慢腳步。匆忙總是讓我們出錯——你總是丟掉東西或者弄亂東西，結果不得不花時間整理。就像你開快車被警察攔住，浪費了本來想節省的時間。

因為你總是在趕時間，沒有時間與朋友談話，結果你就變得越來越孤獨。因為忙碌，你沒有時間反省，也沒有時間注意身邊的事物。你忙得沒有時間注意周遭萬象，連身體有病的早期徵兆都覺察不出。你急著買東西，沒有時間傾聽那小小的聲音：「你真的需要這個新東西嗎？」

你必須學會享受生活。享受生活是幫助你充實人生，幫助你的人生充滿活力的好方法。但大多數人的大多數時候都不知道自己在幹什麼。我並不否認適當的「白日夢」對人的心理健康有益。問題在於，你可能過多地沈溺於白日夢而忘記真實的生活。

你必須擺脫對「下一刻」的迷思和幻想——它們有的不切實際，有的雖是事實，卻剝奪了你此刻的生活。

擺脫了不切實際的幻想，可以讓你明白：生活不會適應你，你必須去適應生活。而且，不是看你喜歡它變成什麼樣子，而是原本它是什麼樣子，你都得適應。與現實保持接觸，可以幫助你就世界所能給予的去接納它，使你不致為它所無法給予而扭曲它、錯怪它。丟棄對這個塵世和對你自己的幻想，可以去除生活中的悲慘成分，使你能真實地面對你應該處理的問題。

你不妨對自己說：「我就是生活在此時此刻。」

「生活在此時此刻」就是享受你正在做的，而不是即將做的事。不要邊吃飯邊想著要做的工作，或者邊吃邊看電視。吃東西時，最好是專注於所吃的東西，它的色澤、香氣、味道和營養。也許你需要一套飲食哲學。你需要知道自己是為歡樂而吃、為健康而吃，還是為歡宴而吃，進而決定是吃肉、吃素，或者其它。否則，你就對食物毫無感覺，更別提獲得什麼營養。

從白日夢裡走出來，學會欣賞和熱愛已經擁有的此刻，這本身就是一種成長。明白了這一點，我想你就會從內心裡感謝生命，從行動上走向輕鬆。

走上輕鬆生活的人生之旅，你的心態也應隨著輕鬆起來。你要以平和去面對一切，真正體會此刻的生活。

有一隻老虎，在山裡奔跑的時候，不小心踩上了獵人設放的捕獸夾。牠的一隻前爪被夾住了。老虎當時疼得嗷嗷直叫。突然，牠好像聽到了什麼聲音。牠仔細一聽，原來是獵人拿著刀叉和弓箭走過來了。萬般無奈之下，老虎奮力折斷了牠的前爪，跑掉了。

待回到自己的山洞，老虎非常難過。牠想：「可惜呀！我的那隻前爪，指甲是那樣鋒利，皮毛是那麼漂亮！現在我成了一隻瘸老虎了！」

但是，不久，牠又想：「幸虧我弄斷了前爪跑了，要不然，等獵人到了，我就會被抓住！果真那樣的話，我就成了一隻死老虎了！」

想到這裡，牠不由得又為自己逃得性命高興起來。

同樣是這隻斷了前爪的老虎，由於前後兩次的思慮所持的觀點不同，因而牠所想的結果也就大不相同。前者是一種悲哀的想法，後者是一種樂觀的想法。快樂與不快樂，完全因心境的不同而不同。從這隻老虎的這種心理來看，我們就能夠知道心理的支配力量有多大了。

人在生活中的心境也同於此。要真正使自己生活在快樂當中，你必須擁有一個樂觀的心境。這種樂觀的心境會幫助你協調好你的人生，帶著你走上享受此刻的快樂之路。

10

smile

上帝給誰都不會太多

不必羨慕別人所擁有的，
也不必埋怨自己所失落的，
人生誰也無法說明白、算清楚，
能笑到最後的人，全部都是贏家。

義大利是一個信仰天主教的國家，這裡有國中之國梵蒂岡，有紅衣主教，有教皇，還有全世界最大的教堂——聖．彼得大教堂，是世界各地天主教徒一年一度千里迢迢前來朝聖的地方。在這種宗教背景下，這裡的人非常虔誠地談論上帝的情形就很多很多了。

有一個關於上帝的故事，很有一些耐人尋味之處。

某歐洲國家一位著名的女高音歌唱家，僅僅30多歲就已經紅得發紫，譽滿全球，而且郎如妾意，家庭美滿。

一次，她到鄰國開獨唱音樂會，入場券早在一年前就被搶購一空。當晚的演出果然受到極為熱烈的歡迎。演出結束後，歌唱家和丈夫、兒子從劇場裡走出來，一下子被早已等候在那裡的觀眾團團圍住。人們七嘴八舌地與她攀談，大多是讚美和羨慕之詞。

有的人恭維她大學剛剛畢業就開始走紅，進入國家級歌劇院，成為扮演主要角色的演員；有的人恭維她25歲時就被評為世界十大女高音歌唱家之一；也有人恭維她有個腰纏萬貫的大公司老闆做丈夫，膝下又有個活潑可愛，臉上總帶著微笑的小男孩。

在人們議論的時候，歌唱家只是傾聽，並沒有表示什麼。待眾人把話說完，她才緩緩地說：「我首先要謝謝大家對我及我的家人的讚美，我希望在這些方面能夠和他們共享快樂。但是，你們看到的只是一個方面，還有另外一個方面沒有看到。那就是你們誇獎的那個活潑可愛，臉上總帶著微笑的小男孩，不幸是個不會說話的啞巴，而且，在我的家裡，他還有一個姐姐，是需要長年關在裝有鐵窗房間裡的精神分裂症患者。」

歌唱家的一席話，使眾人震驚得說不出話來，你看看我，我看看你，似乎是很難接受這樣的事實。

這時，歌唱家又心平氣和地對他們說：「這一切說明什麼呢？恐怕只能說明一個道理，那就是——上帝給誰都不會太多。」

當你正為羨慕別人具有而自己缺少的東西時，不要忘了那些你已經佔據但沒有發現的資源。其實，每個人都有不足，只不過你只是看到他人的表面罷了……

你是否了解，這世界上比你更慘的還大有人在；你是否了解，許多成功的背後都隱藏著不為人知的不幸故事……所以，你擁有了今天，要明白——今天不是用來抱怨的！

第四章

既然只有一次的人生，那就從今天做起吧！

01

清除心理的灰暗

日本著名的企業家稻盛和夫說：
處於順境「很好」，處於逆境「更好」。
積極樂觀看待自己的環境和遭遇，
不管任何時刻，不管任何立場，
不斷努力、拚命工作才是最重要的。

兩個盲人拄著拐杖，互相攙扶著在路上走。其中一個說：「還是做盲人好。那些有眼睛的人整天忙個不停，農夫更是辛苦得厲害，哪能像我們盲人這樣清閒自在。」

「確實，那些農夫真可憐！」另一個回應道。

正好有幾個農夫聽到了他們的對話。其中一個農夫就假裝成官差，說：「呔，你們兩個！巡撫大人來了，敢不讓路，該當何罪?!」

另外幾個農夫趁勢一擁而上，用鋤柄打了兩個盲人一頓，吆喝著把他們趕到一邊。然後，悄悄地跟在他們身後，偷聽他們說話。

一個盲人說：「到底還是當盲人好。如果剛才是有眼睛的人見了巡撫大人不讓路，不僅要挨打，打完了還要坐牢呢！」

另一個盲人回應：「是啊！不過就是打了幾下，我們還是挺走運的。」

不要嘲笑這兩個盲人。當苦難來臨時，樂觀知足的心理是多麼重要呀！如果懷著一種灰暗的心理，那麼，遇到這樣的苦難，定會是另一種情形。

在這個世界上，無論哪顆心，都曾感受過傷痛，無論哪個人，都曾被煩惱光顧過，無論哪雙眼睛，都曾為難以言表的痛苦流過淚。痛苦、不安與憂傷是人生中的陰影，疾病與死亡將降臨到每個家庭，讓人們沈浸於悲哀中。在邪惡所編織的看似不可掙脫的羅網中，等待人們的都是不幸與痛苦。

這個世界，眾多男男女女總是盲目地想借助各種各樣的手段，懷著某種逃脫的目的，或為了以某種方式驅散使人生暗淡無光的陰鬱，希望自己獲得永遠不會失去的幸福。

當追求的所有幸福似乎都要來臨的時候，許多人一度會被表面甜蜜的安全感所蒙蔽，喪失了警惕性，忘記了邪惡的存在。然而，當疾病或其它方面的不幸最終降臨的那一天，不及設防的心理就會遭到重創，它所編織的幸福花籃必然被砸得破爛不堪。

小孩子哭喊著要成為大人，大人則為失去童年的幸福而歎息不已。貧窮者因被窮困的鎖鏈束縛而怒氣沖沖，焦躁不安；富裕者常常生活在對貧窮的恐懼中，或是為了追求虛無縹緲的幸福，成為人生的匆匆過客。

許多時候，心理之所以會感覺到已發現一種不會失去的平和與幸福，是因為它接受了某種宗教信仰，認同了某種學說，構築了某種知識或藝術的理想。然而，某些不可抗拒的誘惑卻也證明，宗教有時並沒有足夠的力量，講究理論的學說，到頭來卻只成了一種無用的工具，或者在某一時刻，一個人苦心經營多年的理想境況，突然間變得支離破碎。

那麼，難道當真沒有擺脫痛苦與憂傷的途徑？難道當真沒有消滅邪惡之枷鎖的辦法？難道永久的幸福、無窮的平和，都只能是癡人說夢？

不！並不是這麼一回事。我可以負責任地宣布：途徑是有的，手段也不缺，依靠它們，邪惡可以永遠祛除。有一個過程，而且只要借助這個過程，你就可以讓疾病、貧窮及一切逆境一去不復返；有一種方法，而且只要依靠這種方法，你就能夠長盛不衰，不必擔心重新跌入困境；有一種實踐，而且只要通過這種實踐，你就能夠牢牢地獲得無限的幸福與平和。想要得到這些理想的結果，你首先必須對邪惡的本質得到一種正確的理解。

否認或忽略邪惡絕對不行，你必須了解它們；只祈求上帝祛除邪惡是極其愚蠢的，你必須弄明白為什麼它在那兒存在，它可以讓你吸取什麼教訓；對束縛你的邪惡之鎖鏈感到煩惱、焦慮不安或怒氣沖沖，不會起任何作用，你必須找出自己之所以被這條鎖鏈束縛住的真正原因。

因此，你必須走出你自身的局限，開始認真地審視自己，了解自己。對於邪惡，如果你能夠正確地了解它，你就會發現，它並非大自然中一種無限的力量或不可違背的原則。事實上，它只是人生經歷的一部分。因此，它可以成為願意學習者的老師。

在自然界，人們常常習慣地用黑暗象徵邪惡，用光明象徵善良。在兩者的象徵中，包含一種完美的闡釋——光亮時常照射整個自然，它沒有局限；而黑暗只不過是由小物體阻擋住幾縷光線所形成的陰影，就像月亮擋住了太陽，從而形成日蝕一樣。所以，我們可以說，至善之光是照耀心靈的一種積極的、賦予生命的能量，而邪惡只是由於自身阻擋了射來的光線所形成的微不足道的陰影。當夜晚用它的黑幕籠罩整個世界，無論它是多麼黑暗，它所遮蓋的也只能是地球的一小部分，整個宇宙仍然閃耀著生命的光輝。而且，每個自然中的生命都知道，黑夜過去之後，迎接他們的又將是一片光明。

理解了這個道理，你就可以認識到，當悲傷、痛苦或不幸的暗夜籠罩你的心扉時，如果你心灰意冷，跌跌撞撞地前進，那麼你就是在你自己與幸福快樂的無限光明之間設置了障礙，籠罩著你的黑暗實際上是你一手製造的。

就像黑暗是一種消極的陰影一樣，沒有出處，沒有去處，沒有存身之地的虛構事物也是籠罩著你的人生旅程的消極陰影。不過，在亮度不斷加強的靈性之光照射下，你內心深處的消極陰影必將消失。

然而，你一生中何以必須穿過邪惡的黑暗呢？在這裡，我可以明白地告訴你，這是是由於你必須戰勝無知。你已選擇了這麼做，而且因為你通過這麼做，方可理解邪惡與善良，通過穿越黑暗，方能更加珍視光明。既然邪惡是無知所引致的直接之結果，那麼，當你認真地從邪惡中吸取教訓之後，你的無知便會煙消雲散，取代它的將會是智慧。

但是，就像桀驁不馴的孩子在學校裡拒絕好好學習一樣，許多人也可能拒絕學習人生這一課，不願意從邪惡中吸取教訓，因而他們一直身處於黑暗中，不斷地遭受以疾病、失意及悲傷的形式出現的懲罰。因此，如果你想擺脫束縛自己的邪惡，就必須心甘情願地去學習，必須準備經歷自律的過程。離開了它們，智慧、幸福及平和都將無從談起。

一個人可能會把自己關在一間黑暗的屋子裡，而且否認光明的存在。但事實上其它地方並沒有黑暗，黑暗只存在於他的那間小屋子內部。你可能避開真理的光明；或者，你可能推倒你已在自己周圍築起的偏見、自私及錯誤的高牆，讓無所不在的光明照耀著你。

生活中總有許多無奈與說不清的因素在左右著事事物物的發展，你又何必太在意？該來的會來，該走的也會走，一切皆是冥冥中注定要發生的，你大可不必為此心中不寧。

痛苦總是難免纏到身上，與其讓痛苦左右你的喜怒哀樂，你大可放膽地左右痛苦的去向——將痛苦扔進垃圾桶！

昨天你是快樂的，那你就應該持續快樂下去。今天你感到了痛苦，是因為你讓自己痛苦。那麼，你可以洗個澡，把該洗的都洗去，然後睡一覺。當你一覺醒來，我想，快樂會回到你的身上。

一切都會發生，一切都會消失。你所要做的，就是讓一切都順其自然。

一個人學會了自立於世，痛苦也就不值一提了。所謂「情感」，在於你如何去感受感情生活。當你感受到自己的感情原來如此豐富，你就會覺得世界上的一切都沒什麼大不了。如果你還沒有感受到感情或者說還搞不清感情是什麼，那麼，首先去學習愛，一切就都解決了。

當你達到對這些道理完全心領神會的地步，就可以創造你自己的境況，把所有心裡的灰暗都轉化為亮麗美好，用自己的雙手編織錦繡前程。

02

改掉你憤憤不平的習慣

往往憤憤不平的人，
最後一定會成為憤世嫉俗的人。
這種人去到哪都不會受歡迎，
因為人們無法恭維一個自以為是的人。
這種人路會越走越窄，以致無路可走，
要改變自己的人生，就得先改變自己。

一個失敗型個性的人尋找代罪羔羊或藉口時，往往責怪社會、制度、人生、命運；對於他人的成就與幸福，他會覺得憤憤不平，覺得那足以證明生活使他受到公平的待遇。憤憤不平是企圖以社會不公允、不公正的現象，使自己在失敗中覺得好過一些。

憤憤不平是精神的烈性毒藥，它使人鬱卒，並使成功的力量逐漸消耗殆盡。時常憤憤不平，自己明明沒多大的本事，卻又自以為是！

憤憤不平是我們覺得自己重要的一種感覺。很多人以「別人對不起我」的感覺使自己得到反常的滿足。在道德上說來，不公平的受害者與受到不公正對待的人，似乎比那些造成不公正的人高尚。

我們總愛用憤恨應對已發生的真正或假想的錯誤、不公平。換句話說，懷著怨恨的人，是想在人生的法庭上「證明他的案子」。如果他有怨恨之感，他就能「證明」不公正的存在；而某些神奇的方法也將會澄清那些使他產生怨恨的壓力，使他得到補償。憤憤不平縱然真是起於事實的不公正與錯誤，它也不是解決問題的好辦法。它很快就會轉變成一種情緒的習慣。一個人若習慣性地覺得自己是不公平的受害者，就會隨時尋找外在的藉口。

憤憤不平只會帶來自憐，而自憐又會給人們帶來不好的情緒。這個習慣根深柢固之後，一旦離開了它，便會覺得「不自然」，隨即又再去尋找「不公平」。有人說，這種人只有苦惱的時候才覺得適應。

記住，憤憤不平並不是因為他人、事件或環境所引發，而是由你自己所催化。只有你自己才有力量克服它。只要深信憤恨與自憐不是幸福與成功的方法，而是失敗與不幸的道路，你便可控制住這種壞習慣。

一個人若有憤恨之心，他就不可能將自己想像成自立、自強、自覺的「靈魂的船長、命運的主人」。憤憤不平的人將自己的韁繩交給別人，將自己的感覺與行動交由別人支配，他整個人像乞丐一樣依賴別人。他對別人提出不合理的要求。若是有人獻給他快樂，他仍會覺得憤憤不平，因為對方不是照他所希望的方法做；如果別人感激他，而且這種感激是基於欣賞他或承認他的高超價值，他也會覺得憤憤不平，因為這些感激的「債」並沒有得到償還；生活得不如意，他更會憤憤不平，因為他覺得生活欠他太多。

若總是抱著憤憤不平的心態去待人處事，那人生又有什麼幸福與快樂可言！在失敗與不幸的道路上，一定要改掉這種對自己身心有害的壞習慣。

03

專心致志，方可取得成就

成功的人眼中沒有失敗，
因為他們把失敗看成階梯，
他們就是踩著失敗的階梯邁向成功。
只要專心致志，無怨無悔的追求，
任何大小事的完成，都是一種成就。

所有成功的人都必然有所追求。他們抱定一個信念、一個目標、一個計畫，而且永遠不會半途而廢。他們呵護自己的追求，並為實現自己的追求全力以赴。當他們遭遇困難的襲擊，他們拒絕退卻，拒絕投降。事實上，追求之路上的障礙越多，他們克服這種障礙的勇氣就越大。

所以，能夠主宰自身之命運的人，都得益於遠大之追求所帶來的強大力量。「條條大路通羅馬。」有追求的人，實際上也為自己確定了一條明確的道路。他們能夠堅定地沿著正確的追求之路前進，哪怕遇到種種艱難困苦，甚至面對死亡的威脅，都不會半途而廢。

最偉大的力量，就是追求的力量。為了認識到它到底多麼偉大，你不妨研究一下那些對歷史進程及人類世界的命運產生過重要影響的偉大人物。在秦始皇嬴政身上，在唐太宗李世民身上，在明太祖朱元璋身上，在革命的先行者孫中山身上，你都可以清清楚楚地看到追求的力量。在儒學的創始人孔子身上，在道學的始祖老子身上，你也能夠深切感受到追求的偉大力量。

力量與智慧相伴，由於智慧高低的不同，追求所能夠給人帶來的力量之大小也不同。與偉大的思維相互交織的，總是偉大的追求。若沒有追求，你的智慧也將十分低下；沒有明確的追求，你做什麼事都會三心二意。

弱者常因得不到他人的理解而怨天尤人，他們的一生不可能會有偉大的建樹。貪慕虛榮者不能始終如一地為自己的追求而努力，他們通常只會做出一些嘩眾取寵之舉，不可能取得很大的成功。那些時不時想向自己的追求妥協的三心二意者，面臨的結局往往只能是失敗。

還有一類人，就像尼采眼中的超人，他們一旦有了高尚的追求，無論是被人誤解、被人無端指責，或是被人奉承、被人推崇，都始終能夠保持內心的平靜，一如既往地沿著自己追求的道路前進。這類人是優秀者，他們具有偉大的力量，最終必能獲得偉大的成功。

在優秀者面前，障礙只能激發他們的鬥志，困難永遠也不會使他們退卻，挫折、創傷及個人的得失無法使他們屈服。對他們來說，失敗是獲取成功的階梯，他們內心意識到最終的成功一定屬於自己。

一旦你完成你的職責，你能夠感受到的是真正的輕鬆與愉悅。無論一項任務看起來多麼不重要，只要你全身心投入其中，並把它做得完美無缺，這就是一種滿足感十足的成就！

04

smile

怎樣歡度快樂人生？

快樂並非起因於事事順利。
有些人即使為難的事接二連三，照樣樂呵呵。
快樂也不是依賴豐盛美食。
有些人家粗茶淡飯，依舊樂呵呵；
另外，有些人雖然腰纏萬貫，
卻是這也憂、那也愁。

如果你想要保持樂觀的情緒、舒坦的心境，以下諸妙方可供你參考——

・**承認缺點**。沒有人是全然完美的。你必須承認自己的弱點，樂意接受來自老年人、平輩乃至年輕人的忠告。只要你勇於承認自己需要幫助，成功必定在望。

・**吸取教訓**。面對失敗或挫折，所抱持的態度應該是不灰心氣餒，找出癥結，更加努力。

・**心胸寬廣**。人必須富於正義感。不被無窮之卑劣念頭所困擾的人，其心胸就會寬廣，不會因眼前的小悲小苦抑鬱終日。曾經有人問心理學家巴達斯女士：「哪些是人類最基本且最深切的心理需要？」她如此回答：「人類需要愛。當然，它不限於男女之間的愛。從心理學家的觀點來看，好人必然永遠快樂。」

・**能屈能伸**。無論處於順境或逆境，生活中應該處處泰然。眼光不妨放得遠一些。冬天過了，又是春天嘛！要把握現在，開創未來，不要為過去的工作或生活上的失敗及錯誤，老是垂頭喪氣。

・**熱心助人**。想得到真正的快樂，並受人尊敬，就應幫助別人，與別人關係融洽。如果你幫助比你更不幸的人，一定能體會到更快樂的哲理。幫助他人，可增強個人的自信。而且研究顯示，助人可減輕身心壓力。因為，助人確為快樂之本。

- **不要記仇**。要某人待你好，你必須先對他好。你若受到不平等的待遇，必須寬恕以待。
- **堅定信念**。做任何事，都必須堅持個人的信念，千萬不可輕易動搖。只要時常保持心境開朗，快樂就很難捨你而去。
- **嗜好良好**。生活中可增進身心發展的遊樂活動，如打球、郊遊、野餐、種花養草、美化居室和環境等。自己要勤於安排。
- **勇於嘗新**。生活一旦陷入單調沈悶的「老調」，就不會感到什麼快樂。如果你一直想參加一項活動，那就放手去做。這樣不但可以擴展生活領域，還能夠帶來樂趣。
- **自求多福**。如果太依賴他人，就容易失望。凡事靠自己，就可以避免失望所帶來的苦果。
- **要有彈性**。看事物不能太苛，否則就容易鑽牛角尖；學會從不同的觀點看事物，才能找出解決問題的不同方案。

・樂於交往。孤僻和不愛理人會導致憂鬱和苦悶，對身體十分有害。廣泛交友也是保持心境快樂不可缺少的一環。友誼有助於身心健康。但不可以將朋友視為當然。要經常聯絡，培養情感。當你學會與別人和諧相處，快樂就會接踵而至。快樂的人最珍視和人分享親密關係。若排出輕重緩急，應以和心愛的人共處為優先。

・謹防空虛。不快樂，是因為太忙而注意不到快樂。其實，對本職工作做一點小改革，使其更趨於合理，就可從中享受到快樂。快樂和盡責分不開。要通過盡責，增加自己的快樂。

・尋找樂趣。每一種工作都蘊藏著數不盡的樂趣，只是有的人不知道怎樣去發現罷了。讀一本饒有興趣的書，然後和朋友暢談書中的內容以及自己的感受。據研究顯示，飼養寵物，可讓人平靜，舒緩壓力。人們在不斷接受挑戰中才變得聰明，在被動式娛樂裡（如看電視）是聰明不起來的。從事或忙於自己的興趣，世界必會更加美麗。

・共同享受。要充分享受快樂的價值，必須有人共享。有苦衷，就找知心朋友傾吐，以求疏導。

・保持本色。發現自我，保持本色，不要模仿別人。若你不能成為山頂上的高松，就做一棵溪邊最好的小樹吧！快樂不能靠外來的物質和虛榮，卻要靠自己內在的高貴和正直。

・**自我放鬆**。請記住，緊繃的肌肉是使你感到疲勞的真正原因。要學會在工作的時候讓自己的肌肉放鬆。每天抽出10分鐘的時間讓自己獨處。很多人就希望獲得較大的寧靜，使動與靜能夠平衡。

・**不怕中傷**。放膽做事，別怕惡意的批評傷了你！只要你覺得對的事，就去做。反正做不做都會有人批評。

・**接受現實**。天下常有不平事，絕非個人的力量可以倏忽改變，與其憤憤不平，不如接受現實，自我開解，以減少精神上的負擔。變革是永恒的，接受世事常變的現實，才能使自己快樂。

・**減少煩惱**。即使最完善的人，也一樣有敵對者。事實上，要取悅所有人是不可能的事。能接受這一「現實」，自然可減少煩惱。想要改變別人也不可能，強求把他人加以改造，只有吃力不討好。

・**鍛鍊成長**。生命是一場持久的掙扎，一連串問題的交錯組合，要不斷加以解決和克服。如果把每一個難題都看作是成長過程中的一次鍛鍊，那麼，困難對自己所造成的壓力便會減輕。

▪**善用時間**。快樂的人，生命必然充實，很善於利用時間；不快樂的人則毫無效率可言。不要浪費時間和精力去做明知無能為力的事；要適應事物發展的規律。

▪**睡個好覺**。精力充沛、成功快樂之生活的重要組成部分之一——保持良好、充足的睡眠。這樣，翌日醒來，才能更充實。

▪**振奮精神**。實用心理學權威威廉·詹姆斯說：「如果你感到不快樂，那麼，惟一能找到快樂的方法就是振奮精神，使行動和言詞好像已經感覺到快樂的樣子。」或許你現在正遇到某件麻煩事，使你精神萎靡不振。少想這些事，挺起胸膛，臉上露出開心的微笑，試著讓自己表現出若無其事的樣子。

▪**自得其樂**。在你的周圍，有許多值得你歡樂、欣喜之事，你何必偏偏去想那些使人不愉快的缺憾呢？請記住：常為自己所擁有的而高興，不為自己所缺少的東西而憂慮，這就是自得其樂的妙法。

▪**愛好廣泛**。培養多種業餘愛好，可以陶冶性情，增添生活之樂趣。假如你是一個腦力勞動者，你可以在工作之餘學學體操、氣功或各種球類運動；假如你從事的是體力勞動，可以抽出時間學學書法、音樂和象棋之類。當你心情煩悶時，就可利用這些業餘的愛好消愁解悶。

・開懷一笑。一件事情若已成定局，無法改變，你應該就此罷休。繼續憂慮是愚蠢的。既然大勢已去，不妨開懷一笑，將憂慮和苦悶笑得不見蹤影。

・分散心思。人生在世，難免遇到一些災難和不幸。當這些禍事降臨時，你千萬要克制自己，儘量分散心思，不要在痛苦和悲哀中陷得太深。否則，你將難以承受。

・當機立斷。如果你想快樂，遇事就不要猶豫不決，磨蹭個沒完，而要當機立斷。假如一件事已經解決了，就不要再多用心思去想它。尤其是當你遇到一個非常棘手的問題，若是當斷不斷，久拖不決，就要長期為此困擾，內心的壓抑感必將越來越重。

・努力工作。若說愛是幸福快樂最重要的因素，對自己喜愛的工作全力以赴，可能是第二重要。如果對自己目前的工作不盡如意，最好努力找尋對自己有意義又能滿足自己真正之需求的工作。

・主動追求。雖說耐心等候者是有福人，但為何要坐等快樂上門？你該找出讓自己感到快樂的事物，並努力做快樂的事。

・**保持活力**。無論是跑步、打球或跳舞，只要找出適合自己又有益的運動，皆可讓自己神采奕奕。

・**定出計畫**。了解自己的現狀和未來的方向固然很好，但使出奇招，更會帶來意想不到的快樂。最好隨時準備捕捉突然降臨的意外機會，嘗試接受各種變化，學會享受新奇。

・**保持穩定**。人的境遇總是有起有落，但情緒起伏若太大，代價必然高。一步登天的人，往往也容易一下子掉到谷底。保持情緒穩定、平和，才能得到恒久的快樂。

・**信任別人**。信任乃是基本要素。快樂的人總是坦誠、熱忱、友善的。快樂的人一定善於與人相處，既喜愛別人，別人也喜愛他。

・**懂得自愛**。你要別人喜歡你，就先要好好地愛你自己。一個人越是懂得「好好愛我」，越是會受人喜愛。

・**發揮特長**。從另一角度說，快樂也就是「成就感」。你的能力發揮到極致，就容易受人賞識，這種成就感必會使你大感快樂。

・**珍惜今天**。快樂的人生不是為昨天而活，也不是為明天而活，而是為今天而活。追悔過去固然不智，凡事都為未來打算也大可不必。快樂的人懂得把握今天，珍惜此刻。

・**克服困難。**像焦慮、緊張或悲傷等情緒，你都不要存心逃避。相反，你應正視並設法克服。你如果了解到這些事，是每個人都會碰上，也就是所謂的人之常情，也許就會比較容易應付了，同時心情也會隨之而改變。

05

拿得起，卻放不下

拿得起，放得下。
說是容易，做起來可不易。
尤其是人們往往因為後者——放不下！
而產生許許多多無謂的困擾與憂慮。

人們常說：「做人，要拿得起放得下。」

拿得起是一種勇氣和毅力，而放得下是一種胸懷和度量。

「拿得起」，簡單來說就是兩個字：「有為」，是一種積極的人生態度，也是一種能力。工作中，樣樣事情拿得起，必是領導重視、同事尊重的骨幹；家庭中，樣樣事情拿得起，必是全家人的頂梁柱；社交中，樣樣事情拿得起，必是朋友們的主心骨。

但是，人生中光拿得起還不行，還要能放得下。就好像舉重一樣，你不儘要將槓鈴拿起來，還要能全安地放下去，這才是成功。人生就應該擁有這樣的心態。

放得下，是一種大氣的表現。平心而論，人是有思想、有慾望的動物，幾乎每個人內心深處都有一種「得到越多越好」的意念，要放得下，確實不容易。

有一個老和尚帶著一個小和尚趕路，過河時見到一個女人，兩後的河水顯得異常洶湧，她無法過河。老和尚見狀，就將女人抱起，過了河又將女人放下。

徒弟一看，就說：「有沒有搞錯呀，師父！男女授授不親，你卻抱著女人過河！」師父聽了也沒有理會他。

小和尚心裡嘀嘀咕咕，走了一公里左右，又忍不住說：「師父你做錯了，為什麼抱著女人過河？」

老和尚望了小和尚一眼道：「我已經放下了，你還抱著？」

其實，我們很多人就跟故事中的小和尚一樣，之所以生活不開心、衝動，很大原因就是放不下，因為放不下，致使自己背負著沉重的負擔，生活也變得越來越累、越來越辛苦，直到被生活壓跨。

生活中，那些被各種瑣事困擾的人幾乎都是會不會放下的人。試問，有多才人能放下昔日的輝煌？有多少人能放棄到手的財富？有多少人能放下內心的積怨？很難吧！我們生活在紛紛擾擾的塵世中，背著各種各樣的包袱，頂著來自四面八方的壓力，放不下的事情實在太多太多了。對功名利祿放不下，出現了跑官、買官、貪官；對金錢富貴放不下，催生了貪污、受賄、盜竊；對愛情婚姻放不下，產生了痴男、怨女、殉情。

放得下，是一種解脫，一種頓悟。佛經上說：「如何向上，唯有放下。」學不會放手，只知道緊緊握著拳頭，很可能最後一無所有，因為你手中握著的是虛無。而懂得放手、放下，你才能擁有更多。古語說：「魚與熊當不能兼得。」你如果學不會放下，很可能會一無所得。

有一頭毛驢，在它身邊左右不遠的地方各有一堆青草，兩堆草的好壞、多少、距離都一樣，毛驢在中間游移不定，究竟吃哪堆呢？想吃這堆，又捨不得那堆，結果它哪堆也沒吃著，餓昏了。這告訴人們，面對取捨與選擇，放不下的人是不可能有好結果的。毛驢就是因為利益誘惑面前，游移顧盼、飄忽不定，沒有放下「思想的包袱」，不懂得取與捨的生存意義。

現實生活中，多數人都認為，人生最大的成就感就是不斷地得到自己想得到的；但實際恰恰相反，「放得下」才能使人生更完美。尤其是對於各種名韁利鎖，若死死抓住不放，思想包袱就會越來越重，私心雜念就會越來越多，腳步就會越來越沉，最終在機遇和挑戰面前，就不可能產生積極向上、奮發有為、開拓創新的朝氣，也不可能掙脫前進道路上的各種羈絆。

法國哲學家、思想家蒙田說過：今天的放棄，正是為了明天的得到。

這正是一種大氣度的表現。

在這個世界上，為什麼有的人活得輕鬆幸福，而有的人卻活得沉重痛苦？前者是拿得起，放得下；而後者是拿得起，卻放不下。

所以，人生最大的包袱不是拿不起來，而是放不下去。

放得下是一種能力，更是一種胸懷。有些放是一種自然的放，放得無怨無悔、無憂無慮；有些放是一種無奈的放，放得難捨難棄、不情不願。自然的放，可以放得瀟灑，放得自如；無奈的放，往往成為心結，成為遺憾。自然的放，大多會成為人生美好的留念；無奈的放，一般會成為人生苦澀的記憶。一管是哪種放，該放的時候總得放下。

處事時，該放就放，該斷就斷，不要因小失大。放下是一種順其自然的心態，人生總是在取捨之間，面對不同的選擇，應該學會放下，學會知足，這是智者的心態，是成功的階梯。學會了放下，幸福才能到來。

06

用快樂的心情迎接每一天

每天早上出門之前，
對著鏡子笑一笑，說——
今天也是一個好日子，
我是一個幸運的傢伙，
會遇到好人、遇到好事！

一個人若心情低落，壞事就會趁機而入。如果不改變情緒，你就可能好像在斜坡上往下滑似的，一直朝著壞的方向快速滑落。

那些能夠善盡為妻之道的女人，即使晚上與丈夫吵了嘴，第二天早上丈夫出門時，照樣叮囑他路上注意安全。這句話會使她的丈夫心情一下子變得開朗，愉快地上班而去。

請注意，不要有意無意地破壞別人的好心情。你要知道，別人帶著不佳的心情回家，也許會跟老婆大吵一場，也許會喝得酩酊大醉。

有一位先生和普通人一樣，早上非要睡到快要遲到了，才依依不捨地鑽出被窩。然後一邊看報，一邊吃早餐，穿鞋子……匆匆忙忙出家門……就這麼日復一日，周而復始。終於有一天，他覺悟了——

他提前半小時起床，先到庭院呼吸新鮮空氣。不論晴天、雨天，季節如何變化，他都保持這種習慣。看著自然神奇的變化，他的心情也不斷跳躍著。然後帶著這份開朗的心情去上班。從此以後，工作效率直線上升。

在一天開始之際，只須花很短的時間，就可培養一份好心情，使自己朝氣蓬勃，何樂而不為。

另外，中午休息時，有人一面吃飯，一面看報或盯著電視不放。像這種人，就等於放棄了調劑精神和提高效率的機會了。在短暫、寶貴的午休時間，不能好好地鬆弛一下心情，那真是一件很可惜的事。

某一家公司的營業科科長，每天中午休息的時間都出去散散步。如果氣候晴朗，就走遠一點。有時獨自一人，有時和年輕的同仁一道，邊走邊聊。這就是一種培養心情的好方法。

告訴你一個事實：自古以來，偉大的人物很多都是「打瞌睡的名人」。據說，中午30分鐘的午睡，等於夜間三小時的睡眠。這話有一定的科學根據。我們可以利用中午的時間，靠在椅子上，把身體放鬆，靜靜地閉著眼睛，不知不覺就會進入夢鄉。最好能夠養成這種習慣，調養精力。要知道，在這個競爭的時代，如果不能集中精神，全力以赴，就無法順利地進行工作。做完一天的工作，回到家中，10分鐘也好，15分鐘也可以，儘量放鬆自己，靜靜地坐著，效果非常好。

不管用什麼方法，請務必用快樂的心情迎接每一天。

07

smile

改變可以改變的，
接受必須接受的

逆境來時，要勇敢嘗試去改變，
這樣，你可能會創造出歷史，
不去改變的話，你就可能成為歷史。

在威斯敏特教堂地下室裡，英國聖公會主教的墓碑上寫著這樣幾句話：

當我年輕的時候，我的想像力沒有任何局限，我夢想改變這個世界。

當我漸漸成熟明智的時候，我發現這個世界是不可能改變的，於是我將目光放得短淺了一些，那就只改變我的國家吧！

但是我的國家似乎也是我無法改變的。

當我到了遲暮之年，抱著最後一絲努力的希望，我決定只改變我的家庭、我的親人。

但是，唉！他們根本不接受改變。

現在，在我臨終之際，我才突然意識到：如果起初我只改變自己，接著我就可以依次改變我的家人。然後，在他們的激發和鼓勵下，我也許能改變我的國家。再接下來，誰又知道呢，也許我連整個世界都可以改變。

生活中，有些人總是認為改變自己太難，而改變一個國家、一個社會卻似乎很簡單。結果可想而知，他既然不能改變社會，同時也不能改變自己，於是牢騷和抱怨就成了家常便飯。其實，這個地球不需要你多操心也會運轉良好。而你能改變的，更容易的是改變自己。

巴雷尼小時候因病成了殘疾，母親的心就像刀絞一樣，但她還是強忍住自己的悲痛，她想，現在孩子最需要的是鼓勵和幫助，而不是媽媽的眼淚。母親來到巴雷尼的病床前，拉著他的手說：「孩子，媽媽相信你是個有志氣的人，希望你能用自己的雙腿，在人生的道路上勇敢地走下去！親愛的巴雷尼，你能夠答應媽媽嗎？」母親的話，像鐵錘一樣撞擊著巴雷尼的心扉，他哇地一聲撲到母親懷裡大哭起來。

從那以後，母親只要有空，就陪巴雷尼練習走路、做體操，常常累得滿頭大汗。有一次母親得了重感冒，她想，做母親的不僅要言傳，還要身教。儘管發著高燒，她還是下床按計劃幫助巴雷尼練習走路。黃豆般的汗水從母親臉上淌下來，她用乾毛巾擦擦，咬緊牙，硬是幫巴雷尼完成了當天的鍛煉計劃。最後他以優異的成績考進了維也納大學醫學院。大學畢業後，巴雷尼以全部精力致力於耳科神經學的研究研。最後，他終於登上了諾貝爾生理學和醫學獎的領獎台。

生活就是這樣，你無法預料它會帶給你什麼，你必須接受你遇到的；但你也能改變你遇到的，只有這樣，才能品嘗到勝利的果實。

08

smile

洞察人生，就是人生的快樂之道

人都會有一個盲點，
以為人要快樂就必須擁有——
大量財富以及社會地位。
其實，錯了，錯得離譜了，
因為快樂只是一種心境！

「今天」是最容易得到的，就像空氣和陽光一樣。因而，沒有多少人給予它特別的關注。人們往往寧願沈浸在對昨天的追憶和對明天的憧憬之中而漠視「今天」的存在。「今天」又是最容易失去的，好比青春和美麗，人們對其價值的真正理解，總是在它悄悄流逝之後。

比起昨天和明天，今天才是真正重要的。

昨天的輝煌並不能證明今天的價值，明天的燦爛也無法減輕今天的痛苦。一味沈浸在昨天之影子中的人，未來必定不會屬於他們；而把全部幸福的希望都寄託於明天的人，明天將永遠只是明天。

假使把今天的時間虛度，那就永遠失去了這個日子。你應該記住，它就是昨天我們想做各種事的「明天」。

有句話說得好：昨天是一張注銷的支票，明天是一張期票，今天是手上的現金。因此，要認清今天是我們惟一能利用的時間，並善加利用。

過去的已經過去，不要再去管它；將來的還沒有來到，也不要去管它。重要的是現在，它正一分一秒地走過。只要你把握住了現在，所有的時間就都被你充分地利用了，一點一滴也沒有浪費掉。

由無數個充實的「現在」組成的途徑，是你通往成功的必經之路。

人的一生，注定要受到一些坎坷。遇到壓力，不要畏懼、退縮；遭到失敗，不要自暴自棄。控制自己的情緒，用積極的自我意識，達到人生的完善境界。把行動和理智結合起來，勇敢地面對現實，面對壓力，不去迴避，利用一切條件把壓力化為動力，為你所用，你就能把成功和幸福握在手裡。

正如道格拉斯．勒頓所說：「你決定了追求什麼之後，就做出了人生最重大的選擇。要如願，首先得弄清你的願望是什麼。」有了理想，你就看清了自己想取得什麼成就。有了理想，你就有一股無論順境逆境都勇往直前的衝勁。理想使你能取得超越你自己能力的東西。

擁有遠大的理想非常重要。有了遠大的理想，你才能創造偉大的成就。

超越就是實現理想！讓我們在理想的實現中達到超前一步，邁向快樂的人生大道吧！

09

smile

愛因斯坦的大衣

被稱為「世紀先生」的愛因斯坦，
是二十世紀最偉大最有代表性的人物，
然而，我們在他身上看不到大人物的影子，
因為他展現的靈性是個最純樸的凡夫俗子。

我所做的絕大部分事情，都是我自己的本性驅使我去做的。而它居然會得到那麼多的尊重和愛好，那是我深為不安的。仇恨之箭也曾向我射來；但它們永未射中我，因為不知何故它們總是屬於另一個世界，而我同那個世界一點關係也沒有。

——《自述》，《文集》第三卷

你們應在同伴的幸福和喜悅中分享幸福，而不要從人與人的悲劇衝突中得到幸福。如果你們懷有這種自然的感情，你們生活中的一切負擔就會減輕，至少可以忍受得了。你們將會在忍耐中找到出路不慮恐懼，毫不退縮地把喜悅帶向人間。

——《愛因斯坦通信選》

要在人類事務中理智地行動，只有做這樣的努力才有可能——那就是努力充分了解對方的思想、動機和憂慮，做到設身處地從對方的角度去觀察世界。一切善良的人，都應當儘可能獻出力量來增進這種相互了解。

——《對蘇聯科學家的答覆》，《文集》第三卷一個幸福的人，往往對當前過於滿足，以至對未來考慮得不多。但另一方面，年輕人又往往胸懷大志。此外，對於一個嚴肅的年輕人來說，他應當為自己所嚮往的目標，樹立盡可能明確的思想，這也是很自然的事。

——《愛因斯坦通信選》

阿爾伯特．愛因斯坦（一八七九～一九五五年）是二十世紀最偉大、最有影響力，受舉世景仰的自然科學家和傑出的思想家。他品德高尚，具有高度的社會責任感，對現代科學有著開創性的貢獻。

愛因斯坦不擺世界名人的架子。他吃東西非常隨便，外出時常坐二、三等車，推導和演算公式常利用來信信紙的背面；並且，他還經常穿著涼鞋和運動衣登上大學講壇，或出入上流社會的交際場合。

他初到紐約時，身穿一件破舊的大衣。一位熟人勸他換件新的。他坦然地說：「這又何必呢？在紐約，反正沒有一個人認識我。」

過了幾年之後，這位熟人又遇到了愛因斯坦，發現他身上還是穿著那件舊大衣，便又勸他換件好的。這一次，愛因斯坦說：「這又何必呢？在紐約，反正大家都認識我。」

在世人的眼中，愛因斯坦不僅被稱為20世紀的哥白尼，更是世界的良知和人類精神道德的楷模，超越時間、空間的偉人。

愛因斯坦為人和藹友善，謙虛卻又特立獨行，從而受到廣泛的尊敬。他有時會講講笑話，愛好航行和拉小提琴，煙斗幾乎不離嘴。他還是個心不在焉的教授，經常丟三落四，專心於思考物理問題而忽視周圍的世界。

愛因斯坦對每個人的態度都一樣，不管校長或實驗室的工友，他絕不認為人類的價值會因地位的高低而有差異。他用滑稽的眼光來看日常生活上的一切，說話中有極明顯的幽默感。當有人有意或無意說了一句很可笑的話，他由內心深處爆出來的大笑聲，這是他最吸引人的特徵之一。他的笑聲是生活在他周遭的人快樂的源泉。

他也是個十分有趣和生氣蓬勃的人，能使同伴們獲得極多的經驗。他對參加葬禮有極大的反感，在蘇黎世大學時討厭校務會議，後來到布拉格大學也一樣討厭拜訪同事。這種對任何形式及儀式的忽視態度，是愛因斯坦性格中非常重要的一環。

他從來不加入任何團體或行業中常有的勾心鬥角，他隨時準備用友善的態度來和人們討論事情；他喜歡說笑話，也能欣賞別人的笑話。他經常努力保持四周適當的「空間」，以避免他人的打擾。他討厭和教授討論日常生活細節，使他在學院圈感到孤獨。他沒有架子，不以向同事或學生求教而覺得有什麼不對或可恥。

愛因斯坦對流行之類的事情，漠不關心。他始終過著簡樸的生活，一大把年紀還穿皮夾克，不穿襪子，不用吊帶，討厭打領帶、穿西裝……這種沒有打扮的打扮，正是他的特色。

愛因斯坦常謙虛自己的理論無創見，應歸功於牛頓等前輩。羅斯福總統請他接受兩位議員的提案，成為美國榮譽國民，但他謝絕此特殊禮遇。他不喜歡鋪張排場、豪華享受。他欣賞一句話：「一個人的快樂在於他是什麼，而不是他有什麼，或別人怎麼看他。」

在瑞典國王與會的諾貝爾獎得主演講會，他穿舊西裝出席，進場時，有人遞給他全新西服，他回絕了。德國元帥派官員來訪，愛因斯坦夫人催他換衣服，他說，「若要見我，人在這裡；若要看我衣服，在衣櫃裡。」

10

富蘭克林的墓誌銘

班傑明・富蘭克林在22歲時曾寫過一則幽默的墓誌銘：

「印刷工人班傑明・富蘭克林的遺體，恰如表面已經破損、金字已經剝落的舊書封皮一樣，為了成為蟲食而躺在那裡。可是，他的遺業是不會消失的。正如他所相信的那樣，它一定會由於編輯者的校訂、改正，再次以新的形式、更加美麗的姿態出現。」

國家圖書館出版品預行編目資料

閱讀思考力／朱曉維 著　初版，新北市，
新視野 New Vision，2021.02
面；　公分 --
ISBN 978-986-99649-4-4（平裝）
1.人生哲學 2.生活指導

191.9　　109018915

閱讀思考力

作　　者　朱曉維
出　　版　新視野 New Vision
製　　作　新潮社文化事業有限公司
電話 02-8666-5711
傳真 02-8666-5833
E-mail：service@xcsbook.com.tw

印前作業　東豪印刷事業有限公司
印刷作業　福霖印刷有限公司

總 經 銷　聯合發行股份有限公司
新北市新店區寶橋路 235 巷 6 弄 6 號 2F
電話 02-2917-8022
傳真 02-2915-6275

初版一刷　2021 年 3 月